차례

들어가며	4
국기에 대한 모든 것	6
유럽	14
아시아	32
중동	46
아프리카	56
북아메리카	70
중앙·남아메리카	80
오세아니아	92
낱말 풀이	100
찾아보기	102

들어가며

색깔, 패턴, 상징으로 국민을 하나로 묶고 자긍심을 높이는 국기의 세계에 오신 것을 환영합니다. 지금부터 각 나라의 국기가 가진 정체성, 역사, 문화에 대한 흥미로운 이야기를 들려줄게요.

깃발은 여러 가지 용도로 사용하고 있어요. 해군기, 외교기, 신호를 보내는 데 사용하는 깃발도 있고, 공동체와 여러 단체를 구분하는 데 쓰이는 깃발도 있지요. 이러한 깃발은 정체성, 자유, 위험, 자긍심 등 다양한 의미를 나타내요.

이 깃발들이 무엇을 뜻하는지 아나요?

하지만 이 책에서는 세계 각국의 대표 깃발인 국기에 초점을 맞추었어요. 이슬람을 상징하는 초승달과 영국의 유니언 잭을 구성하는 십자가의 조합 그리고 마커스 가비가 창안한 범아프리카 디자인까지. 국기를 통해 각각의 나라가 어떻게 과거를 정의하고 미래를 구상하는지 알아보아요.

이 책에서는 먼저 대륙별로, 그다음에는 주제별로 국기를 분류했어요. 예를 들어 유럽의 삼색기나 중동의 초승달 모양 국기처럼요. 이러한 분류를 통해 나라들이 서로 어떻게 연관되어 있는지 그리고 그 나라들의 정치와 역사가 어떻게 서로 연결되어 있는지 이해할 수 있어요. 세계의 국기를 전부 다 자세히 다루지는 못했지만, 책 어딘가에는 나머지 국기들도 숨어 있답니다!

이 책을 읽으면서 특이한 국기를 잘 살펴보세요. 정사각형 국기를 가진 두 나라는 어디일까요? 사각형이 아닌 국기는 어느 나라 국기일까요? 빨간색, 흰색, 파란색이 없는 유일한 국기는 무엇일까요?

책의 제일 앞과 뒤를 살펴보세요. 그곳에 있는 국기 중에서 알고 있는 국기는 몇 개인가요? 또 가장 마음에 드는 국기는 무엇인가요?

국기를 살펴보는 것은 우리가 살고 있는 세계와 오늘날 우리를 있게 한 지난 역사에 대해 알아볼 수 있는 좋은 방법이에요. 아마도 이 책을 다 읽고 나면 자신의 개성과 바람을 담아낸 깃발을 직접 만들 수 있을 거예요!

국기에 대한 모든 것

리투아니아

아이슬란드

미국

국기란 무엇인가요? 그냥 막대기에 묶인 천이잖아요.

하지만 그 속에 많은 뜻을 가지고 있지요.

세계의 모든 나라에는 고유한 국기가 있어요. 국기는 그 나라의 문화와 역사를 나타내지요. 그래서 사람들은 국기나 깃발에도 그 나라나 단체에게 보내는 존경심을 똑같이 표현해요.

시대별 깃발

지금과 같은 나라가 있기 전에 사람들은 마을이나 부족 단위로 살았어요. 여러 가지 이유로 부족들끼리 싸울 때가 있었는데, 전투 중 군인들은 누구 편인지 아는 것이 중요했어요. 이미 기원전 1000년에 중국과 인도의 부족들은 의미 있는 상징으로 장식된 깃발을 들고 전투에 나섰어요.

이러한 전투 깃발의 전통은 여러 시대에 걸쳐 이어졌어요. 로마인들은 창에 수직으로 다는 현수막 깃발을 특히 좋아했어요.

라틴어로 이 깃발을 '벡실룸(vexillum)'이라고 해요. 깃발 연구를 뜻하는 'vexillology'의 어원이지요.

전투 깃발은 12~13세기에
유럽 전역에서 흔히 볼 수 있었으며,
대개 귀족 가문의 문장으로 장식했어요.

17세기에 유럽 국가들은 전 세계를 항해하며
먼 나라와 상품을 거래하는 대규모 선단을 가지고
있었어요. 그래서 나라마다 자기네 배를 쉽게
구별하려고 돛대에 깃발을 달았지요. 그리고 멀리서도
쉽게 알아보려고 깃발을 단순하게 디자인했어요.
흔히 왕실을 상징하는 문장에서 색깔이나
구성을 가져왔어요.

폴란드 국기

폴란드 문장

폴란드의 국가 문장은 빨간색
방패 위에 흰 독수리가 있는 것이에요.
폴란드 국기는 흰색과 빨간색
2가지 색으로 구성했어요.

19세기에 이르러서는 국기가 나라의
상징으로 인식되었고, 20세기 중반부터
세계의 모든 나라가 국기를 만들어
쓰고 있어요.

오늘날 국기의 80%
이상이 1900년 이후에
만들어졌어요.

삼각형

삼각형은 진보와 운동을 상징해요. 또한 기독교 신앙의 상징일 수도 있어요.

쿠바

앤티가 바부다

별

별은 여러 가지 의미로 쓰여요. 미국 성조기에서 별은 50개의 주를 뜻해요. 중국, 북한, 베트남 국기에서는 공산당을 상징해요. 호주와 브라질 국기의 별은 남반구에서만 볼 수 있는 별자리인 남십자성을 나타내요.

미국

중국

오스트레일리아(호주)

별은 국기에 가장 흔하게 쓰이는 상징이에요. 별이 있는 국기는 50개가 넘어요.

색깔

국기의 색깔은 다양한 것을 상징해요. 각각의 나라는 국기의 색깔에 자기 나라만의 의미를 두어요.

파란색은 흔히 바다, 하늘, 고요함 또는 충성심을 나타내요.

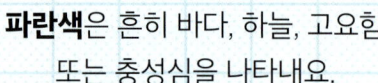

초록색은 일반적으로 자연을 상징해요. 또 이슬람교를 만든 마호메트가 초록색 망토를 둘렀다고 전해져 이슬람 국가에서는 초록색이 인기가 많아요.

검은색은 희생, 힘, 결단력 또는 인종적 자긍심을 의미해요.

노란색은 밀이나 옥수수를 의미하고, 태양도 상징해요. 불교문화에서 노란색은 겸손을 의미해요.

흰색은 일반적으로 평화, 빛 또는 순수성을 의미해요.

빨간색은 피를 의미하기도 하지만 용기와 혁명도 상징해요. 중국에서 빨간색은 행운의 색이에요.

전 세계 국기의 75%가 빨간색을 사용하고 있어요. 가장 인기 있는 색깔 조합은 빨간색, 흰색, 파란색이에요.

대부분의 나라들은 국기에 2~4가지 색깔을 써요. 세계에서 가장 많은 색깔(12색)을 쓴 국기는 벨리즈 국기예요.

벨리즈

깃발 도형표

깃대 쪽 상단

깃대에 가까운
위쪽 사분면이에요.

깃대 바깥쪽 상단

깃대에서 먼
위쪽 사분면이에요.

깃대 쪽 하단

깃대에 가까운
아래쪽 사분면이에요.

깃대 바깥쪽 하단

깃대에서 먼
아래쪽 사분면이에요.

바탕

캔턴

십자가

가로 삼색기

세로 삼색기

국기 가장자리

마름모

X 자 십자가

삼각형과 Y 자

화살촉

원

사선

올린 사선

내린 사선

가는 사선

덴마크 국기(단네브로)

덴마크 국기는 세계에서 가장 오래된 국기 중 하나예요. 십자군이 들고 다니던 깃발 디자인과 비슷하며, 14세기 중반부터 사용했어요. '단네브로'는 덴마크인들의 힘이라는 뜻이에요.

빨간색 바탕에 하얀 십자가가 있어요. 십자가는 깃발의 가장자리까지 뻗어 있는데, 십자가 세로 부분이 깃대 쪽에 가까워요. 이 모양은 '노르딕(스칸디나비아) 십자가'로 알려졌어요.

칼마르 동맹 국기

1397년에 덴마크, 스웨덴(오늘날 핀란드의 대부분 포함), 노르웨이를 한 왕이 합쳐서 다스렸어요. 이걸 칼마르 동맹이라고 해요. 이 동맹의 깃발은 덴마크 국기와 비슷하지만, 노란색 바탕에 빨간색 십자가가 있어요.

노르딕 십자가 국기

칼마르 동맹은 무너졌지만, 시간이 지나면서 스칸디나비아 국가들은 모두 비슷한 디자인의 국기를 만들었어요.

스웨덴

스웨덴 국기는 1524년에 만들었어요.

핀란드

1821년에 만든 노르웨이 국기는 노르딕 십자가에 처음으로 색을 하나 더 추가했어요.

아이슬란드

노르웨이

그린란드는 북유럽 국가 중 독특하게 노르딕 십자가 대신 '태양과 눈'을 상징하는 모양을 넣어 1985년에 국기를 만들었어요.

그린란드

17

그 외 십자가 국기

여러 유럽 국가가 기독교 신앙을 나타내기 위해 국기에 다양한 형태의 십자가를 써요.

조지아 국기

조지아 국기는 친러시아 대통령에서 친유럽 대통령으로 평화적으로 정권이 바뀐 '장미 혁명' 이후 2004년에 만들었어요.

이 국기는 조지아 기사들이 참여했던 십자군의 상징인 예루살렘 십자가에서 영향을 받았어요.

스위스 국기

예루살렘 십자가

볼니시 십자가

볼니시 십자가는 5세기 고대 교회에서 가져온 상징이에요. 조지아에서는 이 십자가를 나라의 상징으로 쓰고 있어요.

스위스 국기에는 가운데에 가로세로 길이가 같은 십자가(그리스 십자가로 알려져 있음)가 있어요. 세계에 단 2개 있는 정사각형 국기 중 하나로, 다른 하나는 바티칸 시국의 국기예요. 정사각형 깃발은 군대 깃발의 전통적인 형태예요.

몰타 국기

몰타 국기는 세로로 흰색과 빨간색이 있고, 캔턴에 십자가가 있어요. 이 십자가는 1942년 제2차 세계 대전 때 몰타가 보여준 용기를 기리기 위해 영국이 수여한 '조지 십자 훈장'이에요.

그리스 국기

1822년 그리스가 독립했을 때 육지에서 쓰는 국기와 바다에서 쓰는 국기, 2가지를 만들었어요. 육지용은 옅은 파란색 바탕에 흰색 십자가가 있고, 바다용은 캔턴에 십자가가 있는 줄무늬 깃발이지요. 이후 줄무늬 깃발의 인기가 많아지자 1978년에 정식 국기가 되었어요.

9개의 줄무늬는 그리스 사람들이 오스만 제국에 맞서면서 외친 '자유 아니면 죽음을!'을 의미하는 그리스어 문구의 9음절을 나타낸다고 해요.

십자가는 그리스 정교회를 상징해요.

영국 국기(유니언 잭)

유니언 잭은 3가지의 국기가 합쳐진 거예요.

잉글랜드 국기는 성 조지 십자가 깃발로, 흰색 바탕에 빨간색 십자가가 있어요. 이 깃발은 1270년부터 국가 상징으로 사용했어요.

잉글랜드(성 조지 십자가 깃발)

스코틀랜드 국기는 성 앤드루 십자가 깃발이에요. 스코틀랜드의 수호성인인 성 앤드루가 X 자 모양의 십자가에 못 박혀 돌아가신 것을 깃발로 나타냈어요.

스코틀랜드(성 앤드루 십자가 깃발)

아일랜드 국기는 성 패트릭 십자가 깃발이에요.

유니언 잭의 역사는 그레이트브리튼 왕국(잉글랜드와 스코틀랜드가 합쳐진 왕국)이 아일랜드 왕국과 통합되었을 때인 1801년까지 거슬러 올라가요.

아일랜드(성 패트릭 십자가 깃발)

유니언 잭

자세히 보세요. 유니언 잭의 X 자 십자가는 좌우 대칭이 아니에요.
깃대 쪽은 흰색 성 앤드루 십자가가 더 높은 위치에 있고,
깃발 바깥 쪽은 빨간색 성 패트릭 십자가가 더 높은 위치에 있어요.

웨일스 국기는 유니언 잭에 포함되지 않았어요. 유니언 잭이 만들어지기 훨씬 더 전에 웨일스가 잉글랜드 왕국의 일부가 되었기 때문이에요.

웨일스

유니언 잭의 '잭'은 뱃머리의 깃대를 의미할 수도 있고, 1603년 잉글랜드와 스코틀랜드를 통합한 제임스 1세의 별명일 수도 있어요.

← 뱃머리의 깃대

네덜란드 국기(왕자의 깃발)

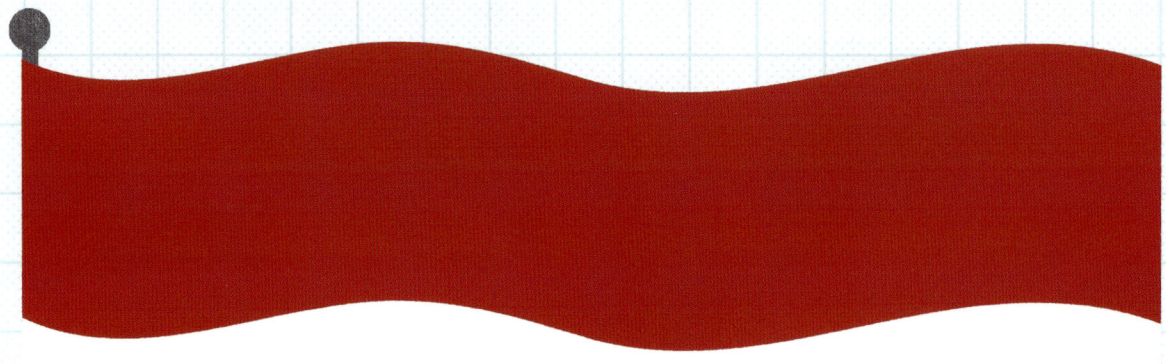

네덜란드 국기는 세계 최초의 삼색기예요. 스페인 제국을 물리치고 네덜란드를
해방시킨 오렌지 공 윌리엄이 1572년에 이 국기를 만들었어요.
윌리엄은 병사들의 군복에서 주황색, 흰색, 파란색의 색깔을 가져왔어요.
이 국기는 '왕자의 깃발'로 알려졌어요.

1630년경 정치적 변화의 상징으로 주황색이 빨간색으로 바뀌었어요.

빨간색은 용기와 힘을 상징해요.   **흰색**은 평화와 정직을 나타내요.   **파란색**은 진실, 충성, 정의를 나타내요.

이 깃발은 혁명과 공화주의의 상징이 되었어요. 이후 다른 나라의
삼색기에 많은 영향을 주었지요.

프랑스 국기

18세기에 프랑스는 매우 분열되어 있었어요. 대부분의 국민들은 가난하게 살았지만, 부패한 귀족들은 사치스러운 삶을 살았어요. 1789년 7월 14일, 수많은 군중이 바스티유 감옥을 습격하여 정치범들을 풀어 주고 혁명을 일으켰어요. 결국 왕을 끌어내리고 프랑스를 공화국, 즉 국민이 다스리는 나라로 만들었지요.

> 바스티유 감옥을 습격한 시민군들은 파란색, 흰색, 빨간색으로 된 둥근 모양의 장식(코케이드)을 착용했어요. 원래 파란색과 빨간색은 파리의 색이었어요. 파란색은 생마르탱, 빨간색은 생드니의 색으로, 두 분은 모두 파리의 수호성인이지요.

프랑스 국기는 1790년에 제정되었어요. 세로 삼색 면에는 혁명을 상징하는 코케이드와 같은 색깔을 썼어요. 네덜란드 국기에서 영향을 받은 프랑스 삼색기도 군주제의 복잡한 왕실 문장 대신 단순한 디자인을 선택했어요.

프랑스 삼색기의 색깔은 당시 프랑스의 신분제 의회를 구성하는 세 계급인 부르주아, 성직자, 귀족을 나타낸다고 해요. 또한 혁명을 통해 이루고자 하는 자유, 평등, 박애를 상징한다고도 해요.

삼색기

세로 삼색기

네덜란드와 프랑스의 국기는 전 세계 국가, 특히 혁명적이고 공화주의적인 가치를 드러내고 싶어 했던 나라들의 국기에 영향을 주었어요. 실제로 전 세계 국기의 40% 이상이 삼색기를 사용해요!

이탈리아에도 프랑스 혁명 소식이 전해졌는데요, 시민군의 코케이드가 초록색, 흰색, 빨간색이라고 잘못 알려졌어요. 나중에 다른 색깔이라는 것을 알게 되었지만 이탈리아 혁명가들은 자신들의 색을 그대로 유지하기로 했어요.

이탈리아

벨기에

몰도바

루마니아

몰도바는 한때 루마니아의 일부였어요. 그래서 두 나라의 국기는 매우 비슷해요. 몰도바 국기에는 정통 기독교 십자가를 물고 있는 황금색 독수리가 그려져 있어요.

아일랜드 삼색기의 색깔은 아일랜드의 두 주요 공동체를 나타내요. 초록색은 가톨릭 신자를, 주황색은 개신교 신자를 상징해요. 흰색은 그들 사이의 평화를 상징해요.

아일랜드

화성을 상징하는 깃발도 삼색기예요! 이 색깔들은 화성을 붉은 행성에서 푸르고 파란 행성으로 바꾸려는 사람들의 바람을 상징해요.

화성 깃발

러시아 국기

러시아는 1917년에 혁명이 일어나 소비에트 사회주의 공화국 연방(소련)이 되었다가 1991년에 연방이 해체되어 다시 러시아로 독립했어요.

망치는 산업 노동자를, 낫은 농업 노동자를 나타내요. 노동자들이 공산주의라는 별 아래에 단결한다는 의미예요.

소련

현재 러시아 국기는 17세기부터 사용했어요. 러시아 황제 표트르 대제가 1696년 네덜란드를 방문했을 때 네덜란드 조선 산업에 깊은 인상을 받았어요. 왕자의 깃발(22쪽)에도 영향을 받은 표트르 대제는 러시아 배에도 비슷한 삼색기를 달아야 한다고 주장했어요.

범슬라브 국기

슬라브족은 유럽에서 인구수가 가장 많은 민족으로, 슬라브어를 사용하며 주로 중앙 유럽과 동유럽, 발칸 반도에 살아요.
수세기 동안 그들의 영토 대부분은 오스트리아·헝가리 제국과 오스만 제국을 포함한 외세의 지배를 받았어요.

크로아티아

세르비아

슬로바키아

슬로베니아

1848년에 슬라브 민족을 통합하고 정체성을 인정하기 위한 회의가 열렸어요. 러시아 국기의 흰색, 파란색, 빨간색은 슬라브족의 상징 색이 되어 20세기에 슬라브족 국가들이 독립했을 때 많은 나라들이 이 3가지 색깔을 사용해서 국기를 만들었어요.

체코

폴란드

체코 국기는 범슬라브 국기 중 유일하게 가로 삼색기가 아니에요. 1918년에는 폴란드 국기와 같이 흰색과 빨간색만 있는 국기였는데, 1920년에 깃대 쪽에 파란색 삼각형을 추가했어요.

폴란드 국기는 범슬라브 계열에 속하지 않아요. 흰색과 빨간색은 중세부터 왕실 깃발에 사용되었으며, 1831년에 국가를 상징하는 색이 되었어요.

문장 국기

12세기 유럽에서는 귀족들이 자신의 가문을 나타내기 위해 복잡한 상징을 사용하기 시작했어요. 문장으로 알려진 이러한 상징에는 대개 성, 왕관 그리고 사자, 독수리, 유니콘과 같은 강력한 동물이 그려져 있어요.

몬테네그로

대부분의 유럽 국기에서는 이러한 문장을 멀리서도 알아볼 수 있는 단순한 색깔 조합으로 바꾸었어요. 그러나 일부 국가는 여전히 국기에 문장을 넣기로 했어요.

산마리노

안도라

포르투갈

포르투갈은 1911년에 국기의 색깔 구성을 파란색, 흰색에서 초록색, 빨간색으로 바꾸었어요. 초록색은 깨우침과 지식을 나타내고 빨간색은 공화주의를 상징해요.

둥근 '혼천의' 안에 포르투갈을 상징하는 문장이 있어요. 혼천의는 포르투갈 선원들이 대항해 시대에 새로운 대륙을 탐험할 때 사용하던 항해 도구예요.

스페인 국기

스페인 국기는 빨간색과 황금색 2가지 색으로 구성되었어요.
가운데 왼쪽에는 왕관과 방패, 두 개의 기둥으로 이루어진 화려한 문장이 있어요.

방패에는 스페인의 중세 시대에 존재했던 4개 왕국(카스티야, 레온, 아라곤, 나바라)의 상징으로 구성되어 있어요. PLVS VLTRA라는 문구는 '더 먼 곳으로'를 의미해요. 이는 스페인 식민지 시대의 강력한 국력을 나타낸 거예요.

2개의 기둥은 '헤라클레스의 기둥'이라고 하는데, 지중해와 대서양을 연결하는 지브롤터 해협을 상징해요.

방패 위 왕관은 스페인의 군주제를 상징해요.

특이한 국기

알바니아 국기

이 유럽 국기들은 특이한 디자인으로 눈에 띄어요.

알바니아 국기에는 빨간색 바탕에 머리가 2개인 검은 독수리가 있어요. 이 독수리는 알바니아가 한때 속해 있던 비잔틴 제국의 상징이에요.

보스니아 헤르체고비나 국기

이 국기는 노란색 직각 삼각형과 파란색 바탕에 흰색 별들이 줄지어 있는 것이 특징이에요. 삼각형의 세 꼭짓점은 나라를 이루는 보스니아인, 크로아티아인, 세르비아인 세 민족을 의미해요. 파란색과 노란색은 유럽의 상징 색이에요. 별은 유럽의 국가들을 나타내지요.

벨라루스 국기

벨라루스 국기에는 좁은 초록색 띠 위에 넓은 빨간색 띠가 있어요. 깃대 쪽을 따라 빨간색과 흰색의 벨라루스 전통 문양이 그려져 있어요. 이 국기는 망치와 낫을 없앤 것 외에는 소련 시절 국기와 달라진 게 없어요. 즉 러시아에 대한 계속적인 충성을 암시하지요.

키프로스 국기

'키프로스'라는 이름은 구리를 뜻하는 수메르어에서 유래되었어요. 가운데에 구릿빛 키프로스 지도와 그 아래에 올리브 가지가 있어요. 올리브 가지는 튀르키예인과 그리스인 사이의 평화를 상징해요.

아시아의 국기

중국 국기(오성홍기)

중국은 공산주의 혁명을 일으키고 1949년에 중화 인민 공화국을 세웠어요. 그때 지금의 국기도 만들었어요. 중국 국기는 소련 국기와 정말 비슷해요(26쪽).

큰 별은 공산당 지도부를 나타내고, 작은 별들은 지도자 마오쩌둥이 구분한 4가지 사회 계급인 노동자, 농민, 도시 소자산 계급(도시 부르주아), 민족 자산 계급(국가 경제에 도움이 되는 자본가)을 나타내요.

작은 별들은 큰 별 오른쪽에 반원형으로 위치해 있는데, 인민들이 공산당을 지지하며 단결하는 모습을 나타낸 거예요.

빨간색 바탕은 공산주의의 상징이자 혁명 중에 흘린 피를 뜻해요. 또 빨간색은 중국에서 행운의 색으로 여겨져요.

빨간색 국기

몇몇 아시아 국가에서는 공산주의를 표현하기 위해 빨간색 국기를 만들었어요.

베트남 국기

베트남 국기는 빨간색 바탕에 노란색 별이 있는데, 공산당의 지도 아래 베트남 국민이 단결하는 것을 상징해요.

몽골 국기

몽골 국기는 세로로 빨간색, 파란색, 빨간색으로 구성되어 있는데, 깃대 쪽에 소욤보가 있어요. 소욤보는 몽골의 국가 상징 문장으로 힘, 조화, 영원한 성장뿐만 아니라 여러 가지 불교 철학도 뜻해요.

인도네시아 국기

인도네시아 국기의 빨간색은 공산주의를 나타내는 것이 아니라 고대 신화에 나오는 어머니 대지(빨간색)와 아버지 하늘(흰색)에서 유래한 거예요. 빨간색은 인도네시아에서 구할 수 있는 가장 초기의 직물 염료 중 하나인 망고스틴 열매의 껍질로 만들었어요.

조선 민주주의 인민 공화국(북한) 국기

빨간색과 별은 공산주의를 상징하고, 파란색은 평화를 의미해요. 2개의 흰 줄은 단결과 힘을 상징하지요.

빨간색과 별은 흔히 공산주의를 상징해요. 그러나 튀르키예 국기에서는 그런 뜻이 아니에요.

튀르키예 국기

초승달은 기원전 2000년경으로 추정되는 바빌로니아 시대의 토속 신앙에서 비롯되었어요. 이후 이곳에 비잔틴 제국(동로마 제국)이 만들어지자 초승달은 나라의 상징이 되었지요. 비잔틴 제국이 기독교를 나라의 종교로 선택하자 성모 마리아를 나타내는 별이 더해졌어요.

이슬람교를 믿는 오스만 튀르크족이 1495년에 비잔틴 제국의 수도인 콘스탄티노플을 점령하고 달과 별을 자신들의 상징으로 삼았어요. 빨간색은 공산주의가 생기기 훨씬 전인 16세기부터 오스만 제국과 깊은 관련이 있었어요.

오스만 제국은 역사상 가장 강력한 이슬람 제국으로, 600년 넘게 광대한 영토를 다스렸어요. 이에 따라 아시아, 중동, 북아프리카 전역의 이슬람 국가들에 영향을 미쳤고, 20개 나라가 국기에 초승달을 사용하고 있어요.

파키스탄 국기

파키스탄 국기는 인도 무슬림(이슬람교를 믿는 사람) 연맹 깃발 디자인을 기반으로 하는데, 결과적으로 오스만 제국 국기에서 영향을 받았어요. 초록색은 흔히 이슬람교와 연관되는 색깔이에요.

선지자 마호메트는 자기가 남긴 책에 초록색을 언급했으며 초록색 터번과 망토를 착용했다고 전해져요.

초승달 국기

아제르바이잔 국기

여기에 나온 이슬람 국가들은 신앙의 상징으로 초승달을 골랐어요.

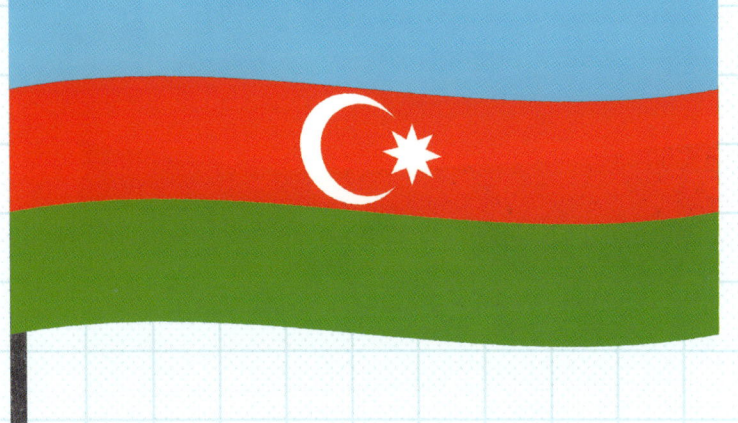

아제르바이잔 국기에는 초승달과 오스만 튀르크족의 여덟 갈래를 상징하는 팔각 별이 있어요.

몰디브 국기

투르크메니스탄 국기

투르크메니스탄 국기에 있는 5개의 별은 이슬람교의 다섯 기둥뿐만 아니라 다섯 지역을 나타내요. 화려하게 장식된 패턴은 이 나라의 유명한 카펫 산업을 상징해요.

브루나이 국기

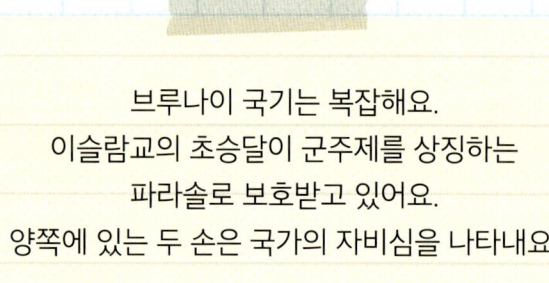

브루나이 국기는 복잡해요. 이슬람교의 초승달이 군주제를 상징하는 파라솔로 보호받고 있어요. 양쪽에 있는 두 손은 국가의 자비심을 나타내요.

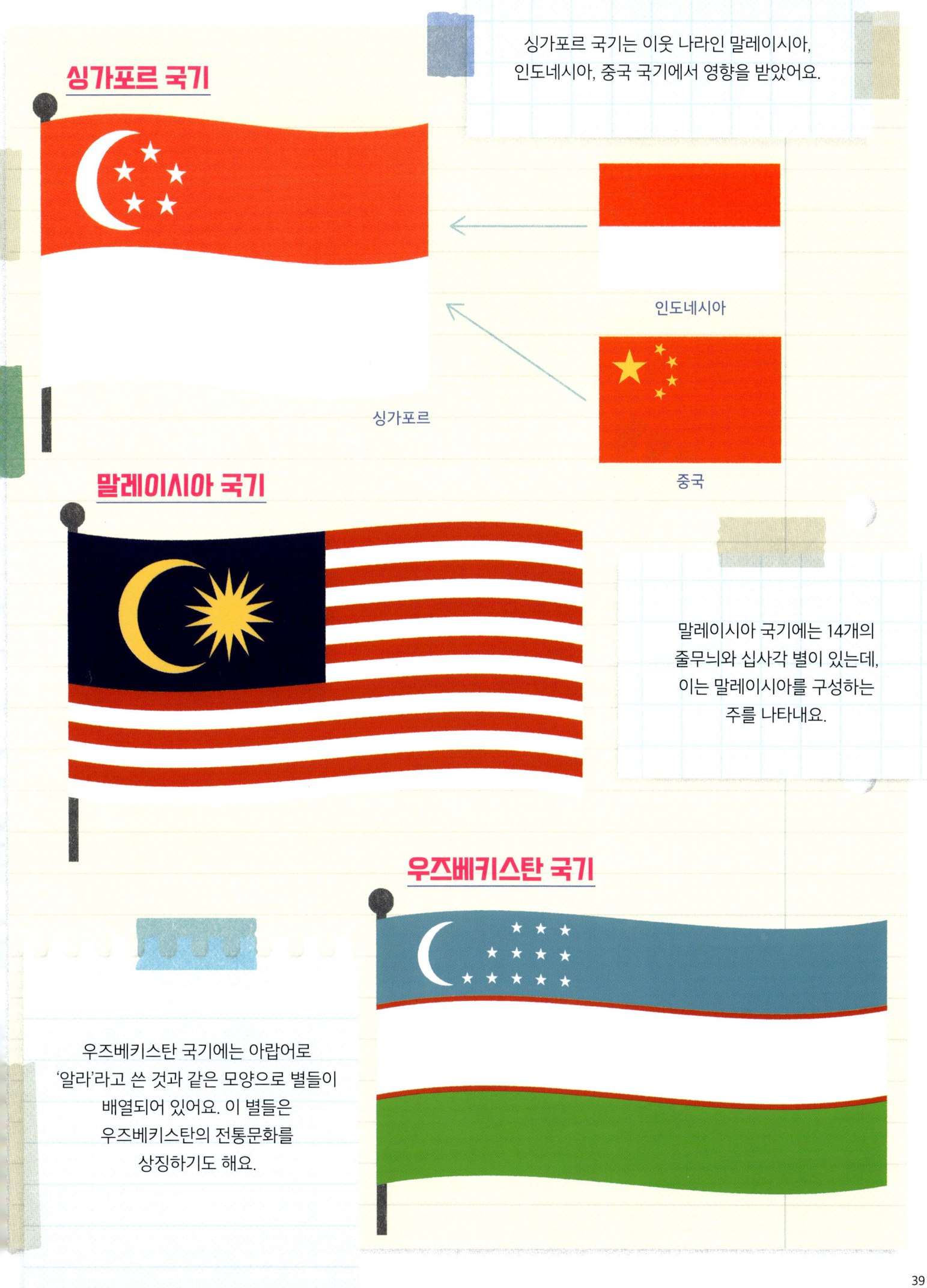

대한민국 국기(태극기)

우리나라 국기는 간단하지만 놀랍도록 독특해요. 가운데에 태극이라는 음양 문양이 있는 것이 특징이에요. 태극은 우주에서 대립하는 힘의 균형을 나타내요.

태극기의 네 모서리에는 끊어진 선과 끊어지지 않은 선으로 이루어진 건곤감리 4괘가 있어요. 4괘는 하늘, 땅, 물, 불의 4요소와 조화 및 균형에 관한 유교 철학의 4가지 원칙을 나타내요.

흰색 바탕은 평화를 상징하며, 우리나라를 표현하는 '고요한 아침의 나라'뿐만 아니라 흰옷을 입고 흰색을 소중하게 여기는 우리 민족을 연상시켜요.

한복

일본 국기(일장기)

흰색 바탕에 가운데 빨간색 원이 있는 일본 국기는 '태양이 떠오르는 나라'라는 일본의 별명을 간단하고 효과적으로 담아냈어요.

일본은 한반도의 동쪽에 있기 때문에 먼저 해가 뜨지요. 그 전에는 '왜'라는 나라 이름을 쓰다가 7세기 초에 '해가 뜨는 나라'를 뜻하는 '일본'으로 나라 이름을 바꾸었어요.

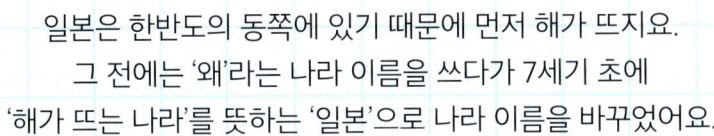

태양은 일본 신화에서 중요한 역할을 하는데, 일왕이 신토(일본의 민족 종교)에 등장하는 태양신 아마테라스의 후손이라고 전해지기 때문이에요.

일장기는 12세기부터 사용했는데, 오늘날까지 쓰고 있는 오래된 국기 중 하나예요.

원 국기

원은 흔히 태양이나 새로운 새벽을 나타내요. 그러나 다른 것을 뜻할 수도 있어요.

키르기스스탄 국기

키르기스스탄 국기에는 선들이 교차하는 태양이 그려져 있는데, 이 선들은 전통적인 유르트(유목민이 사용하는 둥근 천막) 천장의 뚫린 부분을 나타낸 거예요. 태양에는 40개의 햇살이 있는데, 이 햇살은 키르기스스탄의 국민적 영웅 마나스가 몽골로부터의 해방을 위해 투쟁하면서 통합한 40개 부족을 상징해요.

방글라데시 국기

방글라데시 국기에는 땅을 나타내는 초록색 바탕에 새로운 새벽과 혁명을 상징하는 붉은 태양이 그려져 있어요.

라오스 국기

라오스는 국기에 공산주의 상징을 쓰지 않은 두 공산주의 국가 중 하나예요. 흰색 원은 푸른 메콩강 위의 보름달을 나타내요. 위아래의 빨간색은 자유를 위한 투쟁에서 흘린 피를 상징해요.

이 삼색기는 인도의 자유 투사인 핑갈리 벤카야가 1921년에 디자인한 것이 시초예요. 국기의 삼색은 처음에는 인도의 종교를 상징했어요. 주황색은 힌두교를, 초록색은 이슬람교를, 흰색은 기타 다른 종교와 평화를 의미했어요. 그러나 갈등을 피하기 위해 용기, 평화, 믿음으로 그 의미를 공식적으로 바꾸었어요.

인도 국기

가운데에는 원래 물레 그림이 있었어요. 물레는 인도의 오랜 옷 제조 역사를 상징하지요. 그러나 1947년 인도가 독립하기 직전에 아소카 차크라(아소카왕 때 만든 사자상에 있는 차크라)라는 수레바퀴로 바뀌었어요. 이 수레바퀴는 인도의 역동성과 끊임없는 전진, 평화로운 변화를 상징해요.

인도 국기는 법에 따라 '카디'라는 인도 전통 방식으로 짠 천으로 만들어야 해요.

차르카
(인도 물레)

복잡한 국기

부탄 국기

부탄은 '용의 나라'라고도 불려요.
부탄 국기에는 대각선으로 갈라진
노란색과 주황색 바탕 위에
흑백으로 그려진 용(드럭)이 있어요.
드럭은 부탄의 부와 안보를
상징하는 보석을 발톱으로
쥐고 있어요.

스리랑카 국기

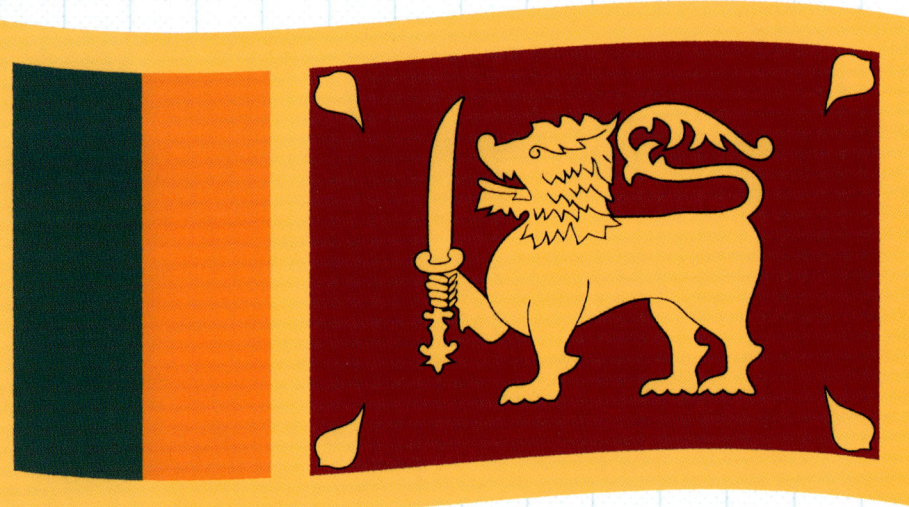

스리랑카 국기에는 검을 들고 있는 황금 사자가 그려져 있어요. 사자 주위에 있는
4개의 황금 보리수 잎은 자애, 연민, 기쁨, 평등이라는 불교도의 4가지 마음 자세를 상징해요.
적갈색 바탕은 인구의 대다수인 불교를 믿는 싱할라족을 나타내고,
초록색은 이슬람교를 믿는 무어족, 주황색은 타밀족을 뜻해요.

캄보디아 국기

캄보디아 국기에는 12세기에 건설된 세계 최대의 종교 기념물이자 거대한 힌두교·불교 사원인 앙코르 와트 그림이 있어요.

네팔 국기

네팔 국기는 세계에서 유일하게 사각형이 아닌 국기예요! 2개의 페넌트(가늘고 긴 삼각기)가 겹쳐 있는 모양이에요. 역사적으로 이러한 삼각기는 남아시아 전역에서 흔히 볼 수 있었는데, 약한 바람에도 쉽게 펄럭였어요.

네팔 국기에 있는 2개의 상징은 고대 네팔 왕조를 나타내는 태양과 초승달이에요. 이 상징들에는 원래 얼굴이 있었는데, 1962년에 국기를 현대화하면서 얼굴 부분을 없앴어요.

45

※'이집트'는 아프리카 대륙에 위치해 있지만, 문화와 종교적 연관성 때문에 중동의 국기로 소개합니다.

아랍 봉기 깃발(또는 헤자즈 국기)

오스만 제국은 오늘날 헝가리에서 알제리에 이르는 영토를 다스렸던 최강대국이었어요.

36쪽에서 읽은 내용이네요!

제1차 세계 대전 직전, 영국은 메카 지역의 수장이 이끄는 아랍군과 힘을 합쳐 오스만 제국을 무너뜨리고 시리아에서 예멘에 이르는 독립 아랍 국가를 세웠어요. 헤자즈 왕국으로 불린 이 나라는 얼마 지나지 않아 사라졌지만, 당시에 사용한 국기는 계속해서 이 지역의 많은 아랍권 나라에 영향을 주었어요.

헤자즈 국기는 영국 외교관 마크 사이크스 경이 디자인한 것으로,
비슷한 색깔 구성을 사용하는 친아랍 단체의 깃발에서 영향을 받았어요.

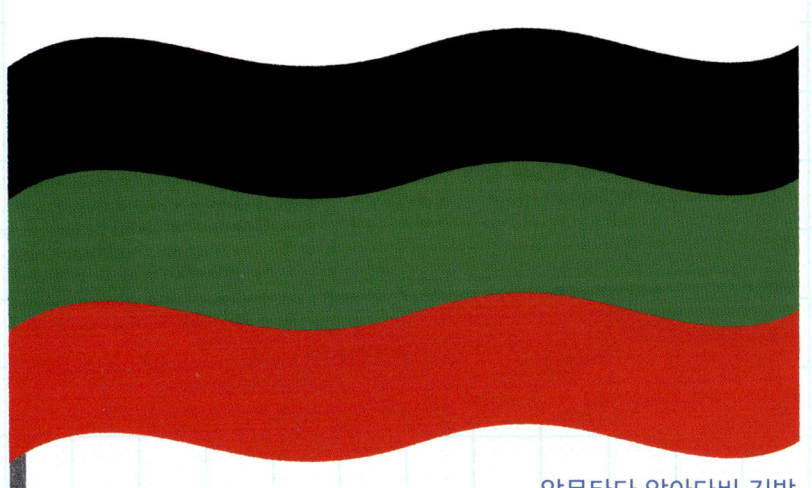

이 깃발은 오스만 제국에 아랍 문화를 홍보하기 위해 1905년에 설립한 알문타다 알아다비 단체의 깃발이에요.

알문타다 알아다비 깃발

범아랍 색으로 알려진 이 색깔들은 선지자 마호메트의 죽음 이후 세워진 칼리프 국가들을 나타내요.

칼리프 국가는 칼리프라는 이슬람교 지도자가 다스리는 나라를 뜻하지요.

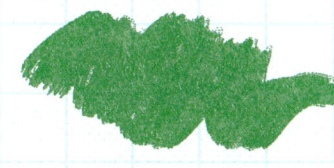

초록색은 라시둔(정통) 칼리프국을 상징하며 마호메트의 망토 색깔이기도 해요.

흰색은 우마이야 칼리프국을 상징하며 평화도 상징해요.

검은색은 아바스 칼리프국을 상징하며 전사한 사람들도 상징해요.

빨간색은 헤자즈 왕국을 다스렸던 요르단 왕가인 하심 왕조를 상징해요.

이 깃발에는 왜 초승달이 없나요?

오스만 제국이 초승달을 상징으로 사용했기 때문에 이 깃발에서는 의도적으로 쓰지 않았어요.

49

범아랍 색 국기

팔레스타인

팔레스타인 국기는 아랍 봉기 깃발과 거의 비슷하지만 색깔 순서가 달라요.

요르단 국기에는 빨간색 삼각형에 칠각 별이 있어요. 이 별은 '알 파티하'라고 하는 유명한 코란 기도문의 일곱 구절을 나타내요. 또한 수도인 암만이 지어진 일곱 언덕을 의미하기도 해요.

요르단

오만

오만 국기는 검은색을 쓰지 않았어요. 빨간색은 이 지역 원주민의 전통적인 상징 색이에요. 왼쪽 상단의 문장에는 한 쌍의 엇갈린 검 위에 오만의 전통 단검인 칸자르가 있고, 그 위에 그 단검을 넣을 수 있는 허리 벨트가 있어요.

아랍 에미리트

쿠웨이트

이집트

1952년 이집트에서 혁명이 일어나 왕이 물러나고 공화국이 만들어졌어요. 그때 빨간색, 흰색, 검은색의 새로운 국기를 만들었어요. 범아랍 색에서 초록색을 뺀 이 구성은 아랍 해방 삼색으로 알려졌으며 이라크, 수단, 시리아, 예멘 국기의 기초가 되었어요.

살라딘의 독수리는 고대 이집트 신전에 새겨진 조각으로, 12세기 이집트 최초의 술탄이 상징으로 삼았어요.

이라크

이라크 국기 가운데에는 '신은 위대하다'라는 문구가 쿠픽 문자로 쓰여 있어요.

시리아

예멘

이란 색 국기

이란 국기의 색깔은 18세기부터 사용되었으며 이슬람교(초록색), 평화(흰색), 용기(빨간색)를 상징한다고 전해져요. 1979년 이슬람 원리주의자들이 왕을 몰아내고 종교로 나라를 다스리는 이슬람 공화국을 세운 뒤 이 국기를 만들었어요.

이란 국기

초록색 아래쪽과 빨간색 위쪽에는 경계선을 따라 '신은 위대하다'라는 뜻의 알라후 아크바르라는 문구가 새겨져 있어요. 이란력의 11번째 달인 바흐람 달 22일에 혁명이 일어났기 때문에 이 문구가 22번 반복되어 있어요.

국기 가운데에는 나라의 문장이 있는데, 초승달 4개와 검 하나가 모여 있어요. 신을 뜻하는 단어 '알라'를 그림으로 나타낸 것인데, 순교의 상징인 튤립과도 비슷해요.

타지키스탄 국기

타지키스탄은 지금은 중동 국가로 여겨지지 않지만, 18~19세기에는 이란의 일부였으며 언어, 문화, 국기에도 공통점이 많아요. 이란 삼색 바탕에 가운데 7개의 별로 둘러싸인 노란색 왕관이 있어요.

'타지'라는 단어는 페르시아어로 '왕관'을 의미해요. 숫자 7은 페르시아 신화에서 완전함과 행복을 나타내요.

쿠르디스탄 국기

쿠르디스탄은 이라크 북부의 자치 지역이에요. 이란 삼색 바탕에 가운데 21개의 햇살이 있는 태양이 있어요. 21이라는 숫자는 쿠르드족에게 종교적 의미가 있어요.

트루셜 국가의 국기

트루셜 아라비아는 영국 정부가 트루셜 해안 근처 부족 국가에 부여한 이름으로, 그 지도자들이 영국과 보호 조약을 맺었어요.

바레인 국기

바레인 국기에는 톱니 모양의 흰 삼각형이 5개 있어요. 삼각형은 이슬람교의 다섯 기둥을 상징해요. 흰색은 평화를, 빨간색은 독립을 위한 투쟁을 뜻해요.

카타르 국기에는 페르시아만의 9번째 부족 국가를 뜻하는 삼각형이 9개 있어요. 오른쪽 넓은 바탕의 독특한 색은 '카타르 적갈색'이라고 해요. 카타르는 이 자주색을 아주 오래전인 기원전 1200년부터 조개를 이용해 만들었다고 해요.

카타르 국기

카타르 국기는 옆으로 많이 길어요. 세로 길이보다 2배 이상 긴 유일한 국기예요!

이스라엘 국기

이스라엘은 세계에 하나뿐인 유대 국가이며, 이웃 이슬람 국가와 전혀 다른 디자인의 국기를 써요.

흰색 바탕에 파란색 줄무늬가 2개 있으며 가운데에는 파란색 육각형('다윗의 별'이라고도 하는 육각 별)이 있어요. 국기의 전체적인 구성이 탈리트라는 유대인의 기도용 숄과 비슷해요. 다윗의 별은 중세 시대 내내 신비로운 힘을 지녔다고 여겨졌어요. 16세기경부터 유대 미술과 경전에 등장하면서 유대교와 깊은 관계를 맺었어요.

탈리트

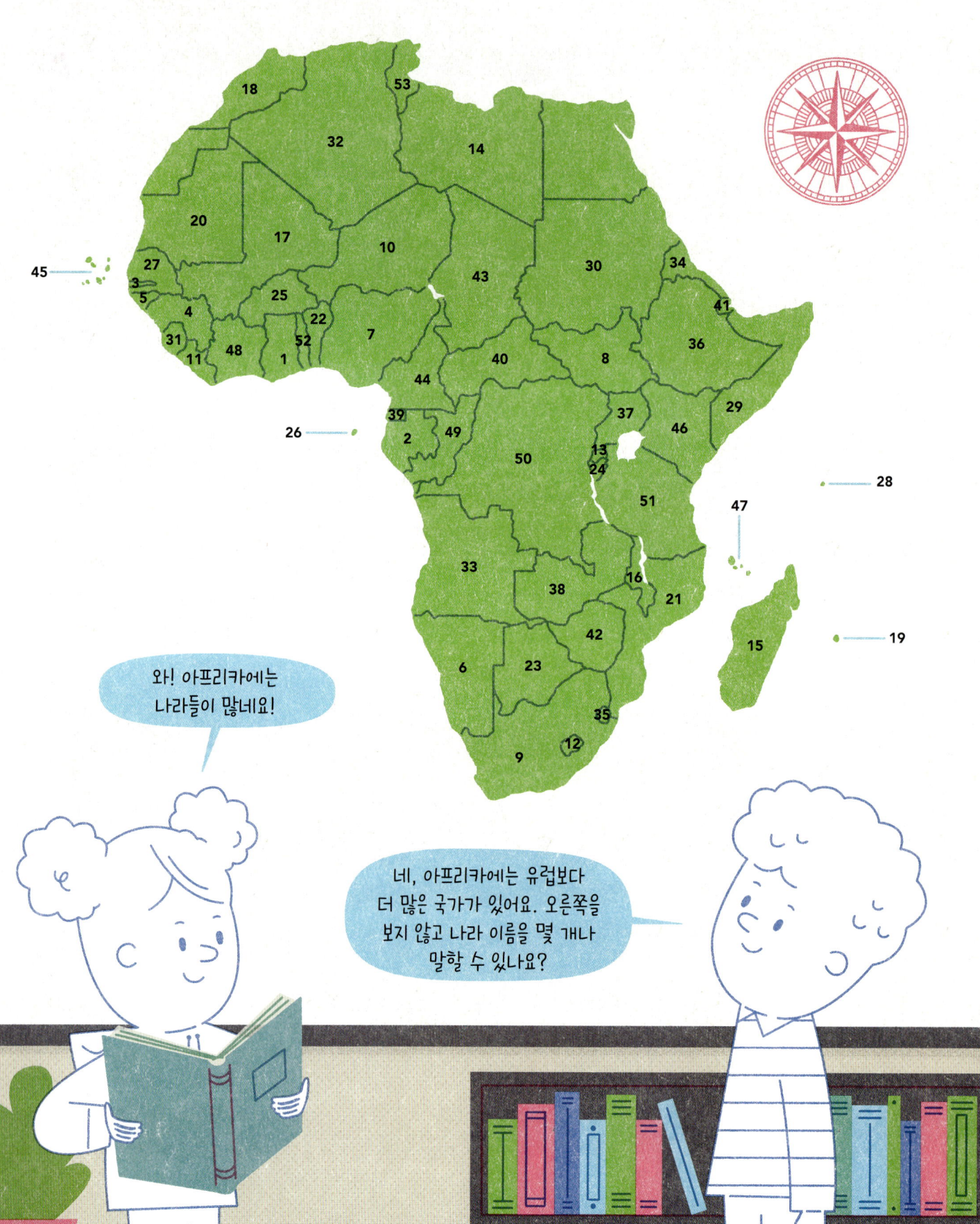

범아프리카 색 l 국기

마커스 가비 깃발

UNIA 깃발

마커스 모지아 가비
(1887~1940년)

자메이카의 활동가이자 정치 지도자인 마커스 가비는 1914년 뉴욕에서 세계 흑인 진보 연합(UNIA)을 만들었어요. 이 단체를 통해 아프리카 사람들과 다른 곳에서 사는 흑인이 서로 뜻을 같이해야 한다고 주장했어요.

그는 통일된 아프리카를 구상했어요. 통일된 아프리카는 그의 지도 아래 세계의 모든 흑인이 환영받는 나라였어요. 그의 생각 중 어떤 것은 논란이 되기도 했지만, 인종적 자부심과 식민주의 및 흑인 억압을 끝내자는 주장은 지금도 세상에 영향을 미치고 있어요.

UNIA 깃발은 1920년에 가비가 만든 빨간색, 검은색, 초록색의 가로 삼색기예요. UNIA는 이 깃발에 대해 다음과 같이 설명했어요.

빨간색은 인간이 구원과 자유를 위해 흘려야 하는 피의 색이에요.
검은색은 흑인이 속한 고귀하고 기품 있는 인종을 나타내는 색이에요.
초록색은 흑인이 태어난 땅의 무성한 초목의 색이에요.

UNIA 깃발은 전 세계 흑인들의 자부심을 상징하게 되었으며, 아프리카 국가들이 독립했을 때 많은 나라들이 국기에 이 색깔을 사용하기로 했어요.

남수단 국기

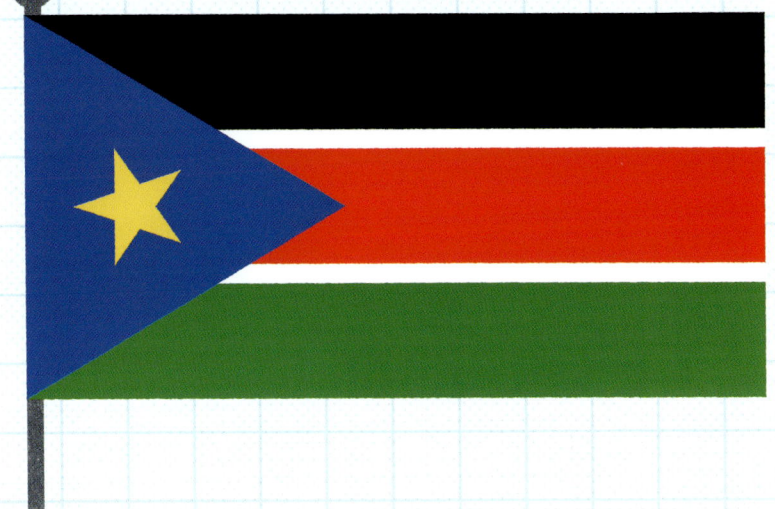

말라위 국기

말라위 국기에는 31개의 햇살과 함께 떠오르는 태양이 그려져 있어요. 이 햇살은 아프리카 대륙에 대한 희망의 빛을 상징하며, 말라위가 아프리카에서 31번째로 독립을 이룬 국가라는 사실도 나타내요.

케냐 국기

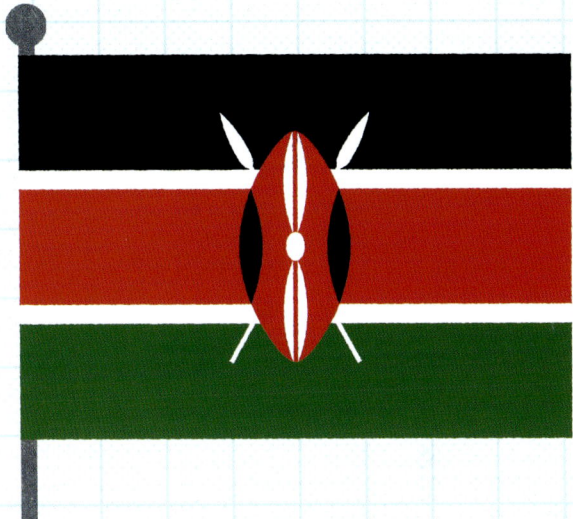

케냐 국기에는 UNIA 깃발 색깔에 마사이족 방패와 X 자로 엇갈린 2개의 창이 있어요.

리비아 국기

예전의 리비아 국기는 바탕에 초록색만 있는 국기였어요. 2011년 혁명 이후, 독립 당시에 범아프리카 색으로 만든 국기를 다시 정식 국기로 쓰고 있어요.

에티오피아 국기

19세기 유럽의 강대국들은 아프리카의 많은 지역을 식민지로 삼아 그 나라의 자원, 노동력, 땅을 지배하고 그 나라 사람들의 자긍심과 정체성을 빼앗았어요. 에티오피아는 유럽인들에 맞서 버텨 낸 유일한 나라예요. 이탈리아가 5년간 짧게 점령한 것을 제외하고는 계속해서 독립을 유지하고 있어요.

초록색, 노란색, 빨간색은 일찍이 17세기부터 에티오피아와 관계있는 색깔이에요. 1897년 에티오피아 황제 메넬리크 2세는 3가지 색 바탕에 자신의 머리글자를 넣은 삼색기를 만들었어요. 그때부터 이 삼색은 나라의 공식 색깔이 되었어요.

이 색깔들은 성경에 나오는 노아와 홍수 이야기에서 하느님이 보낸 무지개를 나타낸다고 전해져요.

메넬리크 2세의 머리글자

가운데의 문장은 수년에 걸쳐 몇 차례 바뀌었는데, 1996년에 지금의 문장으로 정해졌어요. 파란색 원은 평화를 나타내고 별은 에티오피아 국민의 단결을 나타내요. 노란 선은 희망의 빛을 상징하지요. 오늘날 초록색, 노란색, 빨간색은 각각 비옥함과 성장, 희망과 정의, 자유를 위한 투쟁을 상징한다고 전해져요.

유다의 사자가 그려진 에티오피아의 옛 국기

유다의 사자는 1913~1936년, 1941~1974년 동안 에티오피아 국기의 문장으로 사용되었어요. 이 사자는 13~20세기 동안 에티오피아 제국을 다스린 솔로몬 왕조의 문장이에요. 솔로몬 왕조는 성경에 나오는 솔로몬왕의 후손이라고 전해지지요. 이 깃발은 아직도 자메이카의 새로운 종교 라스파타리의 인기 있는 상징이에요.

범아프리카 색 II 국기

식민주의에 맞선 에티오피아의 저항은 아프리카 전역에서 찬사를 받았고, 많은 국가가 독립을 이루었을 때 에티오피아의 상징 색을 국기에 반영했어요.

베냉

부르키나파소

말리와 기니의 국기는 색깔 순서가 반대인 점을 제외하면 거의 같아요.

말리

기니

중앙아프리카 공화국은 프랑스의 식민지였어요. 국기 색깔은 아프리카 색(초록색, 노란색)과 프랑스 색(파란색, 흰색)을 결합한 거예요. 빨간색 세로 줄은 아프리카인과 유럽인 사이의 존중을 상징하며 둘을 이어 주어요.

중앙아프리카 공화국

토고

토고 국기는 라이베리아 국기(67쪽)와 비슷한 디자인에 에티오피아 색을 사용하고 있어요. 그런데 라이베리아 국기는 미국 국기(76쪽)와 무척 비슷해요.

카메룬

세네갈

짐바브웨 국기 색은 가비 색과 에티오피아 색을 결합한 거예요. 깃대 쪽 삼각형에 있는 문장은 그레이트 짐바브웨라고 하는 고대 도시의 유적에서 발견한 '짐바브웨의 새' 조각상이에요.

짐바브웨

검은 별 국기

'블랙 스타(검은 별) 라인'은 마커스 가비(58쪽)가 1919년에 세운 운송 회사예요. 이 회사의 이름은 대영 제국 당시 식민지 전역에서 영국으로 상품을 실어 나르던 유명한 회사인 화이트 스타 라인에서 따왔어요. 가비는 흑인의 소유권을 상징하기 위해 '화이트(흰색)'가 아닌 '블랙(검은색)'으로 회사 이름을 정했어요. 가비는 전 세계의 사람과 물건을 아프리카로 실어 보내기 위한 뱃길을 만들려고 했어요.

가나 국기

블랙 스타 라인은 오래가지 못했지만, '아프리카 자유의 북극성'이라고도 하는 검은 별은 범아프리카주의와 반식민주의의 상징이 되었어요. 가나는 다른 아프리카 국가들보다 먼저 독립을 이루었어요. 가나 국기는 에티오피아 국기와 같은 색깔을 쓰고 가운데에 검은 별을 넣었지요. 이 국기는 교사이자 예술가, 하키 선수, 활동가인 테오도시아 오코가 디자인했어요.

기니비사우 국기

기니비사우는 1973년 독립했을 때 가나 국기를 기반으로 국기를 만들었어요.

상투메 프린시페 국기

섬나라인 상투메 프린시페 국기에는 검은 별이 2개 있는데, 그 나라의 대표 섬인 상투메섬과 프린시페섬을 의미해요.

다른 색 별 국기

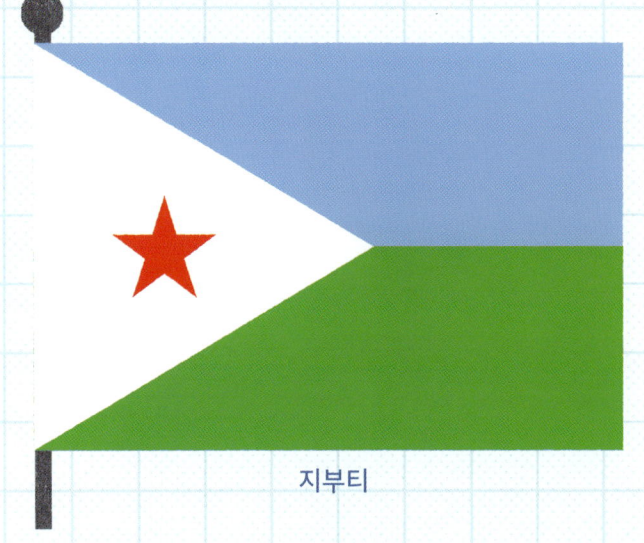
지부티

콩고 민주 공화국

지부티와 콩고 민주 공화국의 경우처럼 오각 별은 아프리카 국기에서 흔히 볼 수 있는 주제가 되었으며, 아프리카의 통합을 상징하기도 해요.

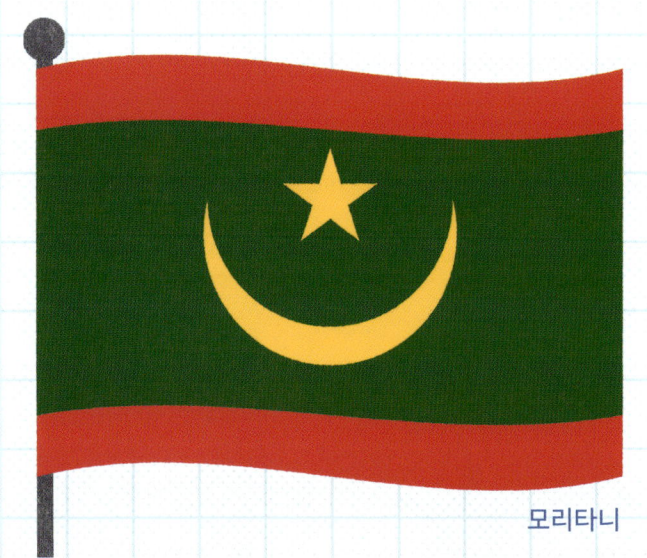
모리타니

튀니지

모로코

모리타니와 튀니지는 이슬람 국가예요. 이 나라들의 국기는 오스만 제국 국기의 달과 별(36쪽)에서 영향을 받았어요. 모리타니 국기의 색깔은 에티오피아의 범아프리카 색을 따랐어요.

모로코 국기의 오각 별은 이슬람교의 다섯 기둥을 나타내요.

부룬디

부룬디 국기 가운데에 있는 육각 별 3개는 세 주요 민족인 후투족, 트와족, 투치족을 뜻해요.

소말리아

국제 연합(UN) 깃발

소말리아 사람들은 대대로 아프리카의 뿔이라고 불리는 곳에서 살았는데, 지금의 지부티, 에티오피아, 케냐, 소말리아, 소말릴란드 지역이지요. 가운데 오각 별은 이 5개 지역을 나타내요. 국기의 색깔은 UN 깃발에서 따왔는데, 소말리아 독립에 UN이 큰 역할을 했기 때문이에요.

라이베리아

라이베리아 국기는 고독한 별이라고도 해요. 라이베리아는 미국과 카리브해 출신의 흑인 노예가 만든 나라인데, 미국 국기(76쪽)와 매우 비슷해요.

특이한 국기

세이셸 국기

세이셸 국기에는 대각선으로 뻗어 나가는 5가지 색깔 띠가 있어요. 이 국기는 밝은 미래로 나아가는 역동적인 나라를 상징해요.

앙골라 국기

옛 소련의 상징

앙골라 국기는 옛 소련 국기와 매우 비슷해요. 톱니바퀴 반쪽과 마체테라는 정글도가 엇갈려 있고, 그 사이에 오각 별이 있어요. 톱니바퀴는 산업, 마체테는 농업, 별은 진보를 나타내요. 이 국기는 1975년 앙골라 독립 이후 맨 처음 나라를 이끈 공산당 정부에서 만든 거예요.

모잠비크 국기

모잠비크 국기에는 세계에서 유일하게 현대식 무기가 그려져 있어요. 책 위에 칼라시니코프 소총 (AK 소총)과 괭이가 X 자로 엇갈려 있는데 자주국방, 농업, 교육의 중요성을 상징해요.

이 국기는 모잠비크 해방 전선의 깃발을 기반으로 해요.

레소토 국기

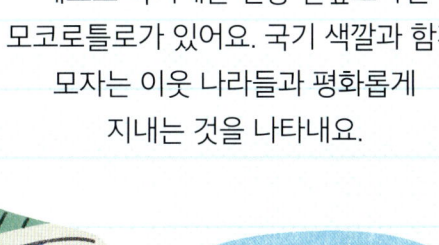

레소토 국기에는 전통 밀짚모자인 모코로틀로가 있어요. 국기 색깔과 함께 모자는 이웃 나라들과 평화롭게 지내는 것을 나타내요.

레소토는 남아프리카 공화국에 완전히 둘러싸여 있어서 평화를 유지하는 것이 중요해요.

남아프리카 공화국 국기

남아프리카 공화국 국기는 6가지 색깔로 구성된 몇 안 되는 국기 중 하나예요. 여러 가지 색깔은 각각의 뜻보다 이 나라 문화에 속한 모든 사람을 포용하는 걸 의미해요. 옆으로 누운 Y 자 모양은 '서로 다른 사람들이 모두 힘을 합하여 앞으로 나아간다'는 뜻이에요.

카리브해의 범아프리카 색

카리브해의 섬들은 15세기부터 스페인, 영국, 프랑스, 네덜란드의 식민지가 되었어요. 기후가 따뜻하고 비가 많이 내리는 이 지역은 비싼 가격에 팔리는 사치품 중 하나인 설탕(사탕수수) 농사를 하기에 완벽했어요. 거대한 사탕수수 농장을 일구려면 많은 사람이 필요했어요. 그래서 식민지 개척자들은 2세기에 걸쳐 수백만 명의 아프리카인을 노예로 데려와 이 땅에서 일하게 했어요.

20세기가 되어 식민지에서 벗어나 독립을 이루었을 때, 많은 나라들이 유럽 국기와는 다른 색깔과 구성으로 국기를 만들었어요. 일부는 아프리카 민족의 혈통을 나타내기 위해 범아프리카 색을 선택했어요.

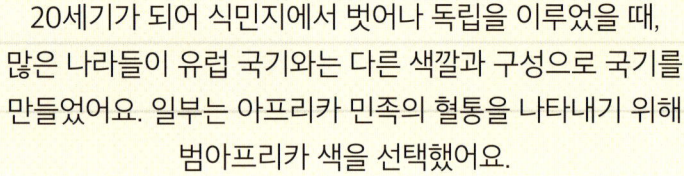

자메이카 국기

자메이카 국기에는 황금색 X 자 십자가가 있고, 위아래 삼각형은 초록색, 왼쪽과 오른쪽 삼각형은 검은색이에요. 이것은 '태양은 빛나고, 땅은 푸르며, 사람들은 강하고 창의적이다'라는 의미를 표현한다고 해요.

자메이카 국기는 빨간색, 흰색, 파란색이 없는 유일한 국기예요. 영국의 식민지였던 이 나라는 독립이 되자 영국과 관련이 없는 색깔을 선택했어요.

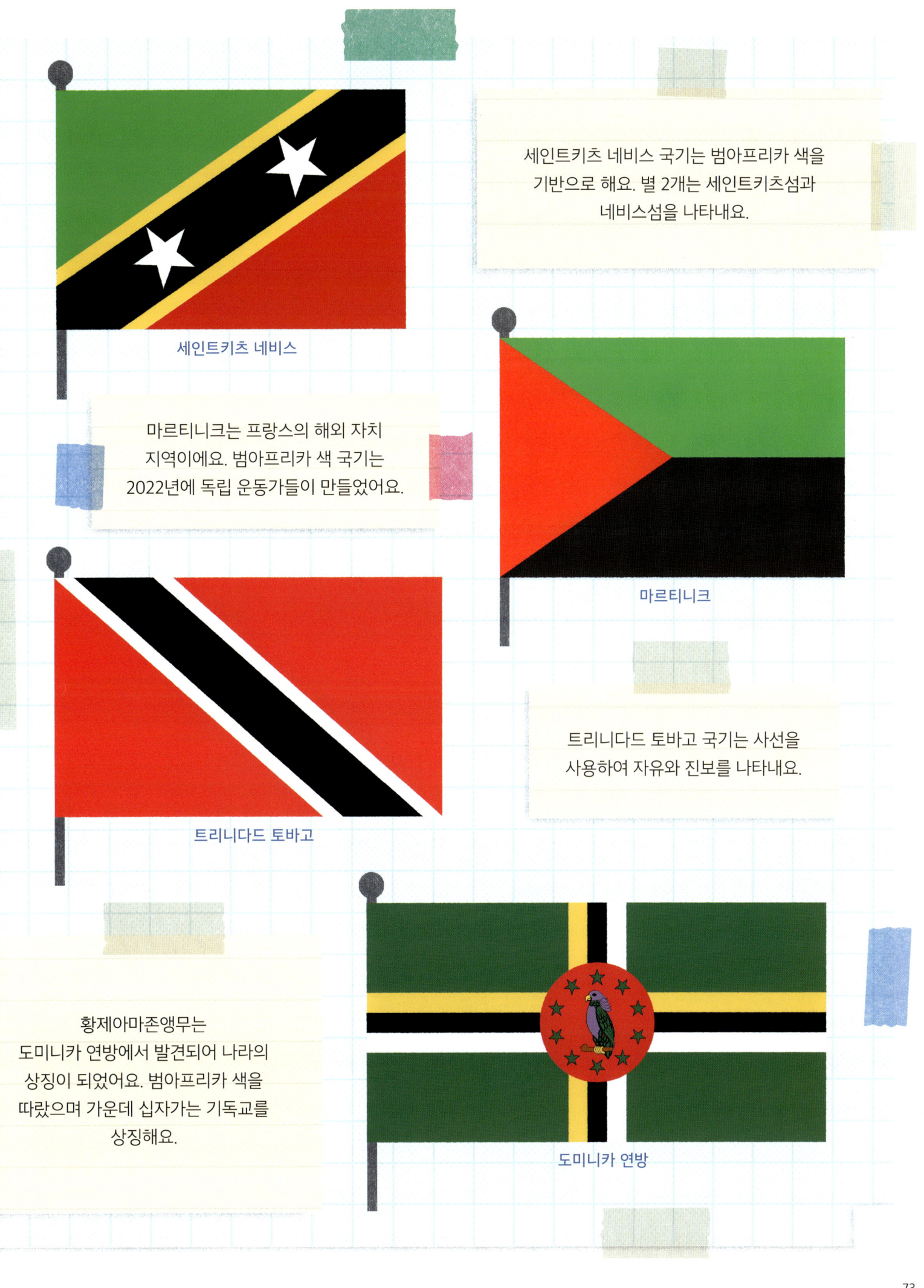

세인트키츠 네비스 국기는 범아프리카 색을 기반으로 해요. 별 2개는 세인트키츠섬과 네비스섬을 나타내요.

세인트키츠 네비스

마르티니크는 프랑스의 해외 자치 지역이에요. 범아프리카 색 국기는 2022년에 독립 운동가들이 만들었어요.

마르티니크

트리니다드 토바고 국기는 사선을 사용하여 자유와 진보를 나타내요.

트리니다드 토바고

황제아마존앵무는 도미니카 연방에서 발견되어 나라의 상징이 되었어요. 범아프리카 색을 따랐으며 가운데 십자가는 기독교를 상징해요.

도미니카 연방

카리브해의 삼각형 국기

삼각형은 카리브해 나라들이 중요하게 여기는 진보와 진취성을 나타내요. 또한 삼각형은 이전 스페인 제국의 깃발에서 자주 발견되는데, 평등을 상징하지요.

바하마 국기

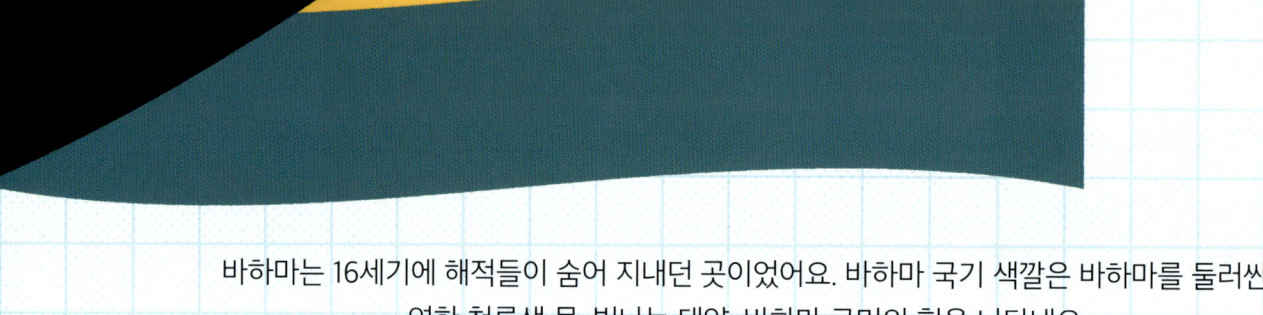

바하마는 16세기에 해적들이 숨어 지내던 곳이었어요. 바하마 국기 색깔은 바하마를 둘러싼 연한 청록색 물, 빛나는 태양, 바하마 국민의 힘을 나타내요.

그레나다 국기

그레나다는 '향신료의 섬'으로 알려져 있으며 깃대 쪽에 섬의 주요 수출품 중 하나인 육두구 그림이 있어요.

앤티가 바부다 국기

유명한 예술가가 디자인한 앤티가 바부다의 국기는 빨간색 바탕에 역삼각형이 있는 것이 특징이에요.
V 자 모양은 승리를 나타내요. 빨간색은 에너지, 검은색은 아프리카 민족의 혈통, 파란색은 바다, 흰색은 해변을 상징해요. 떠오르는 태양은 새로운 시대의 시작을 상징하지요.

세인트루시아 국기

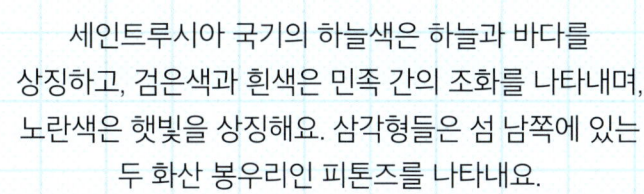

세인트루시아 국기의 하늘색은 하늘과 바다를 상징하고, 검은색과 흰색은 민족 간의 조화를 나타내며, 노란색은 햇빛을 상징해요. 삼각형들은 섬 남쪽에 있는 두 화산 봉우리인 피톤즈를 나타내요.

미국 국기(성조기)

미국 국기에는 빨간색과 흰색 줄이 번갈아 13개 있는데, 이 줄무늬는 영국으로부터 독립을 선언한 최초의 13개 주를 뜻해요. 캔턴에 있는 50개의 별은 오늘날 미국을 이루는 50개 주를 나타내요.

이 국기는 17세기 동인도에 세운 아주 큰 무역 회사인 동인도 회사의 줄무늬 깃발에서 영향을 받았어요. 동인도 회사는 향신료, 아편, 차, 노예를 비롯하여 대영 제국이 전쟁을 통해 얻거나 뺏은 물건들도 사고팔았어요.

동인도 회사 깃발

조지 워싱턴은 성조기를 이렇게 설명했다고 해요. "우리는 하늘에서 별을 가져오고, 모국에서 빨간색을 가져왔어요. 그리고 그 빨간색을 흰색 줄로 분리하여 우리가 모국과 헤어진 것을 보여 줍니다. 이 흰색 줄무늬는 우리의 자유를 나타내요."

성조기는 1777년에 처음 사용된 이후 26번이나 바뀌었는데, 새로운 주가 연방에 추가될 때마다 별의 수가 계속 바뀌었어요. 50개의 별로 고정된 국기는 1960년부터 사용되고 있어요.

1777~1795년

1851~1858년

성조기는 미국 내에서 엄청난 상징성을 지니고 있어요. 또한 미국이 20세기 초강대국이 되자 전 세계에서 가장 널리 알려진 상징 중 하나가 되었어요.

쿠바 국기(고독한 별 국기)

쿠바 국기는 쿠바를 스페인으로부터 독립시키고 미국과 합병하려고 했던 독립 운동가 나르시소 로페스와 시인 미겔 테우르베 톨론이 1849년에 만들었어요. 별은 미국 국기에 추가될 새로운 별을 뜻해요.

3개의 파란색 줄은 쿠바에 있는 군사 지역 세 곳을 뜻해요. 흰색 줄은 순수한 마음을 상징하지요. 빨간색 삼각형은 힘을, 흰색 별은 독립과 통합을 나타내요.

결국 쿠바는 공산주의 국가가 되어 자본주의 나라인 미국과 이념적으로 부딪치게 되지만, 국기는 바뀌지 않았어요.

나르시소 로페스는 쿠바 해방을 여러 번 시도했지만 실패했어요. 마지막 시도 끝에 그는 아바나(쿠바 수도)에서 체포되어 처형되었답니다.

캐나다 국기

캐나다 국기는 가로가 세로의 2배예요. 전통적인 삼색기와 달리 가운데 부분이 양쪽 띠의 2배나 되지요. 이런 배치를 '캐나다 페일'이라고 해요.

국기 가운데에는 간단한 특징만을 살린 단풍잎이 있어요. 단풍잎은 18세기에 온타리오와 퀘벡의 문장에 등장한 이후 캐나다의 국가 상징으로 사용하고 있어요.

온타리오의 문장

퀘벡의 문장

영국 식민지였던 캐나다는 빨간색 선박 깃발을 상징 깃발로 썼어요(94쪽). 독립 이후 새 국기에도 빨간색을 넣었는데, 지금은 제1차 세계 대전의 희생을 상징해요.

멕시코 국기

멕시코 국기는 세로 삼색기인데, 프랑스 삼색기에서 영향을 받은 것일 수 있어요.
초록색은 멕시코의 독립을, 흰색은 로마 가톨릭교를, 빨간색은 독립을 인정한 멕시코와
스페인 간의 협정을 상징해요.

국기 가운데의 문장은 유명한 아즈텍 신화를 표현한 거예요.
아즈텍 사람들은 '선인장 위의 독수리가 뱀을 잡아먹고
있는 곳'을 찾으라는 신의 계시를 받았어요.
1325년 테노치티틀란(현재의 멕시코시티)의 바위 위
선인장에서 뱀을 먹고 있는 독수리를 발견한 사람들은
그곳에 도시를 세웠어요.

중앙아메리카와 남아메리카의 국기

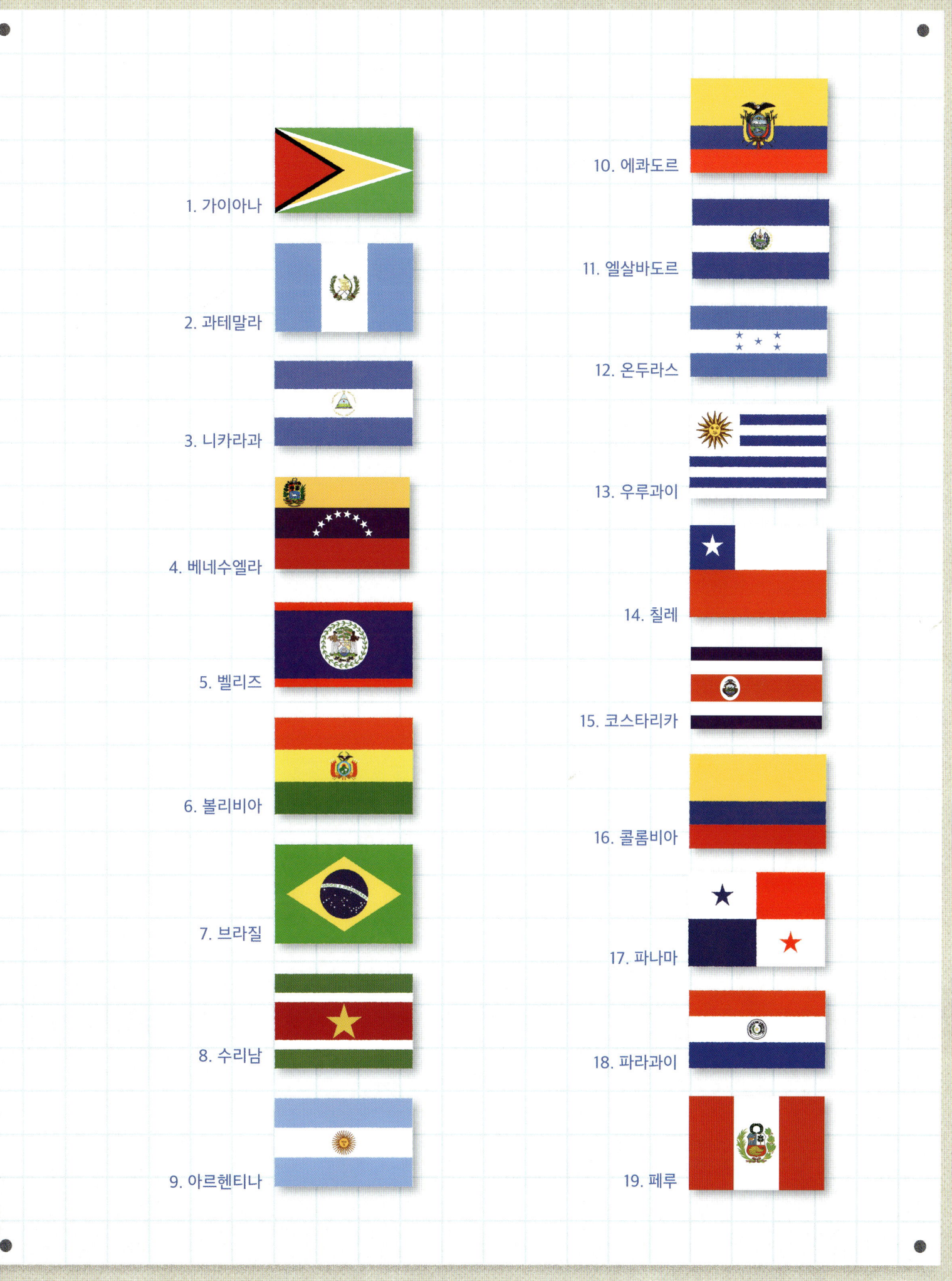

아르헨티나 국기

아르헨티나 국기는 스페인에서 독립하기 위해 싸운 아르헨티나의 장군이자 정치가인 마누엘 벨그라노가 1812년에 디자인했어요.

1818년에 '5월의 태양'이 국기 가운데에 추가되었어요. 5월의 태양은 아르헨티나의 자유 투사들이 스페인 통치에 맞서 저항했던 1810년 5월 혁명을 상징해요.

태양의 얼굴은 원래 잉카 제국 신화에 나오는 태양신 인티의 상징이에요. 인티가 창조한 잉카 제국은 스페인 사람들이 나타나기 전 1000년 동안 남아메리카 대륙 대부분을 다스렸어요.

우루과이 국기

우루과이는 지금의 아르헨티나인 리오데라플라타 연합주 소속으로 함께 독립했어요. 하지만 바로 이웃에 있던 브라질(당시는 포르투갈 식민지)이 침략하여 그 나라의 지배를 받게 되었어요. 이후 여러 가지 노력으로 결국 독립을 이루었어요. 우루과이 국기는 아르헨티나와 미국 국기의 특징을 함께 넣어 만들었어요.

9개의 파란색과 흰색 줄무늬는 우루과이의 9개 주를 나타내요. 캔턴에 있는 황금색 5월의 태양은 이웃 아르헨티나와 같은 뜻을 나타내요.

우루과이는 '화려한 유채색 새의 강'이라는 뜻으로, 남아메리카에서 수리남 다음으로 작은 나라예요.

벨그라노 국기

식민지들의 독립 운동이 남아메리카 전역으로 확산되자 마누엘 벨그라노가 만든 아르헨티나 국기 디자인은 다른 나라에도 많은 영향을 끼쳤어요.

1823년에 세워진 중앙아메리카 연방 공화국은 오늘날의 코스타리카, 니카라과, 엘살바도르, 온두라스, 과테말라 그리고 벨리즈 일부와 멕시코 남부로 이루어졌어요. 국기의 색깔은 벨그라노 디자인에서 가져왔어요.

중앙아메리카 연방 공화국

연방은 순식간에 내전에 빠져들었고, 18년 만에 각각의 나라로 독립했어요. 하지만 다섯 국가 모두 파란색 두 줄과 가운데가 흰색인 벨그라노 구성을 유지했어요.

온두라스 국기

온두라스 국기 가운데에 있는 5개의 별은 옛 중앙아메리카 연방 공화국의 다섯 국가를 나타내며, 이 나라들이 언젠가 다시 하나의 연방을 이룰 수 있다는 희망을 상징해요.

니카라과 국기

니카라과 국기 가운데에 있는 5개의 화산이 있는 문장도 연방 공화국을 구성했던 다섯 국가를 나타내요.

과테말라 국기

과테말라 국기는 벨그라노 디자인을 세로로 방향만 바꾸어 만들었어요. 스페인으로부터 독립한 날짜가 적힌 두루마리 위에 국조인 케찰이 앉아 있는 모습이 문장으로 그려져 있어요.

코스타리카 국기

코스타리카는 1848년에 파란색을 더 짙게 하고 가운데에 넓은 빨간색 띠를 추가하는 것으로 국기를 수정했어요.

엘살바도르 국기

엘살바도르 국기의 파란색도 다른 벨그라노 디자인 국기들보다 짙어요. 엘살바도르의 주요 수출품 중 하나인 남색 염료를 반영한 거예요.

국기 가운데 있는 문장을 자세히 보면 엘살바도르 국기가 또 있어요. 이렇게 국기 안에 국기가 있는 디자인은 세계에 4개밖에 없어요.

대(大)콜롬비아 국기

1801년, 혁명 지도자 프란시스코 데 미란다는 스페인의 지배에서 벗어나 베네수엘라를 독립시키기 위해 싸우면서 노란색, 파란색, 빨간색을 깃발 색깔로 선택했어요. 당시 독립에 성공하지 못했지만, 그가 만든 깃발은 베네수엘라가 독립을 이룬 1811년에 국기로 선택되었어요.

베네수엘라 제1공화국 국기(1811~1812년)

독일의 철학자 괴테는 내 조국을 '고유의 색이 변하지 않는 나라'로 만들라고 했어요.

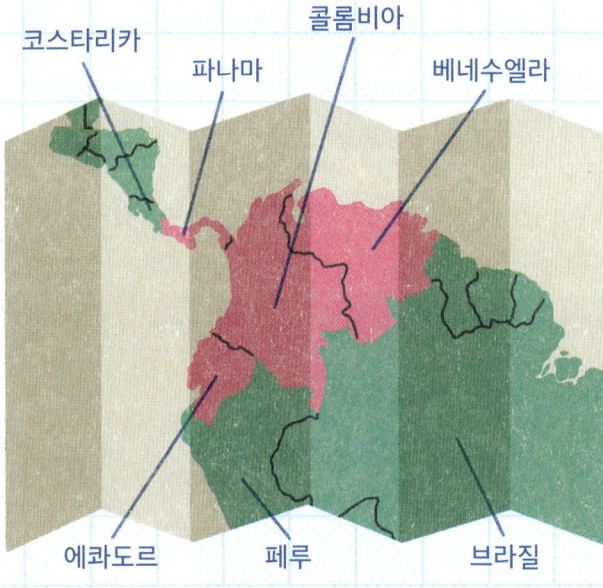

1819년에 남아메리카 북쪽 대부분을 차지하는 새로운 나라가 생겼어요. 오늘날의 콜롬비아, 에콰도르, 파나마, 베네수엘라는 물론 페루와 브라질의 북부가 포함된 나라예요. 이 나라를 대(大)콜롬비아라고 했어요. 새로운 나라의 지도자인 시몬 볼리바르는 미란다 깃발 색깔로 국기를 만들었어요.

프란시스코 데 미란다

국기의 색깔은 대서양(파란색)을 사이에 두고 스페인(빨간색)과 분리된 아메리카(노란색)를 나타내요.

대(大)콜롬비아 국기(1821~1831년)

대(大)콜롬비아가 1831년에 해체되었을 때 콜롬비아, 베네수엘라, 에콰도르는 원래 국기 색깔 구성을 유지했어요.

콜롬비아와 에콰도르는 노란색이 다른 두 색보다 넓은 삼색기로 바꾸었어요.

콜롬비아 국기

베네수엘라 국기

베네수엘라 국기에 있는 8개의 별은 독립을 위해 투쟁한 8개의 주를 나타내요.

에콰도르 국기

에콰도르 국기의 문장은 침보라소산과 과야스강이 그려진 방패 위에 콘도르가 있는 모습이에요. 콘도르는 보호와 강인함을 상징해요.

볼리비아 국기

볼리비아 국기는 에티오피아 국기와 비슷해 보이지만(60쪽) 특별한 관계는 없어요. 빨간색과 노란색은 이웃 베네수엘라 국기에서 가져온 거예요. 초록색은 비옥한 땅을 상징해요.

볼리비아는 2009년부터 위팔라 깃발도 볼리비아의 또다른 국기로 인정했어요. 위팔라는 안데스산맥의 원주민들을 상징해요.

위팔라는 옛 잉카 제국의 여러 지역을 상징하는 7가지 색깔의 정사각형 조각들로 이루어진 문양이에요.

위팔라 깃발

브라질 국기

포르투갈 식민지였던 브라질은 1822년에 브라질 제국으로 독립했어요. 브라질 제국은 초록색 바탕에 노란색 마름모가 있고 가운데에 문장이 있는 국기를 썼어요. 이 색깔은 포르투갈 왕실과 관련이 있지요. (브라질 제국의 황제는 포르투갈의 왕자였어요.)

브라질 제국은 1889년에 제국이 아닌 공화제를 선언했어요. 국기의 문장도 그날 밤하늘의 별들을 묘사한 천구로 바뀌었어요.

브라질 제국 국기

둥근 천구를 가로질러 '질서와 진보'라는 뜻의 Ordem e Progresso가 적힌 띠가 있어요.

빨간색, 흰색, 파란색 국기

파나마 국기

많은 중앙아메리카와 남아메리카 국가들은 유럽에서 흔히 사용하는 빨간색, 흰색, 파란색 색깔 구성에서 벗어났어요. 그러나 모두가 그런 건 아니었어요.

미국은 파나마가 독립을 이루도록 도왔는데, 파나마 국기는 미국 국기에서 색깔과 별을 따왔어요. 4등분으로 나뉜 위아래에 정부의 두 주요 정당을 나타내는 별이 2개 있어요.

칠레 국기

칠레에 살았던 원주민인 마푸체족은 16세기에 스페인 사람들에 대항한 봉기에서 처음으로 빨간색, 흰색, 파란색 깃발을 휘날렸어요. 별은 마푸체족에게 종교적으로 중요한 금성을 나타내요.

파라과이 국기

파라과이 국기는 프랑스 삼색기의 색깔과 그 색깔이 상징하는 혁명적 가치에서 영향을 받았어요. 이 국기는 앞뒤가 서로 다른 단 3개의 국기 중 하나예요. 앞면에는 국가 문장이 있고, 뒷면에는 재무부의 도장이 표시되어 있어요.

앞면(국가 문장)

뒷면(재무부 도장)

페루 국기

페루 국기, 1822년

페루는 1822년에 아르헨티나와 비슷한 구성으로 국기를 만들었어요. 위아래 빨간색이 있고, 가운데 흰색 바탕에 태양 상징이 있었어요. 그러나 스페인 국기와 너무 비슷해서 전쟁터에서 문제가 발생했어요. 그래서 줄무늬 방향을 돌려서 빨간색과 흰색을 세로로 배치했어요. 올림픽, 패럴림픽 등 국제 행사에서는 가운데 문장이 없는 국기를 써요.

영국의 선박 깃발

군용이든 민간용이든 영국의 선박 깃발은 빨간색이나 흰색, 파란색 바탕에 캔턴에 유니언 잭(20쪽)이 있는 것이 특징이에요.

1864년까지 소함대별로 영국 해군기의 색깔이 달랐어요. 카리브해와 북대서양을 순찰하던 소함대는 빨간색 해군기를 달았어요. 영국, 프랑스, 지중해를 살피는 소함대는 흰색 해군기를, 남대서양, 태평양, 인도양을 다닌 소함대는 파란색 해군기를 달았어요.

피지 국기

1864년에 쓰임에 따라 깃발 색깔을 다시 정했어요. 영국 해군은 이제 흰색 깃발을 쓰기로 했어요. 빨간색 깃발은 민간용 배에, 파란색 깃발은 영국 식민지를 드나드는 모든 배에 달았어요. 대영 제국이 점점 커지자 파란색 깃발을 다는 배가 점점 늘어났어요. 그러자 각 식민지마다 자기만의 디자인으로 바꾼 깃발을 달기 시작했어요.

투발루 국기

마침내 대영 제국이 무너졌을 때 식민지에서 독립한 대부분의 나라는 새로운 국기를 만들었어요. 그러나 몇몇 나라는 기존의 선박에 달던 깃발을 국기로 쓰기로 했어요.

대부분의 국기는 파란색 바탕이에요. 하지만 버뮤다 국기는 1864년 이전에 영국 소함대에서 쓰던 빨간색 해군기를 그대로 썼어요.

투발루 국기에 있는 9개의 별은 지도상의 섬을 나타낸 거예요.

오스트레일리아(호주) 국기

오스트레일리아 국기는 파란색 선박 깃발을 기반으로 해요. 유니언 잭 아래의 크고 흰 칠각 별은 연방의 별이라고 불리는데, 이 별의 칠각은 6개의 주와 준주로 구성된 오스트레일리아 연방을 나타내요. 그 옆에는 남반구에서만 볼 수 있는 남십자성이 그려져 있어요.

뉴질랜드 국기

뉴질랜드 국기는 식민지 시대 때부터 계속 사용하다가 1902년에 정식 국기로 선택되었어요. 남십자성 색깔만 다를 뿐 나머지는 오스트레일리아 국기와 매우 비슷해요.

남십자성은 원주민인 마오리족 신화에 '마후통가'라는 이름으로 등장해요. 마후통가는 은하수 가운데에 있는 구멍으로, 그 사이로 폭풍이 빠져나간다고 해요.

선박 깃발에서 영감을 받은 다른 국기

통가 국기

영국 선교사들은 19세기 중반에 통가 원주민을 기독교로 개종시켰어요. 그래서 오늘날 국민의 97%가 기독교인이에요. 통가는 선박 깃발 형태를 국기로 선택했는데, 신앙을 상징하기 위해 한쪽에 십자가를 넣었어요. 흰색은 순수함을 나타내고 빨간색은 그리스도의 피를 떠올리게 해요.

사모아 국기

사모아는 뉴질랜드의 통치를 받았어요. 국기 디자인에도 이러한 관계를 반영해, 빨간색 바탕에 캔턴에 파란색을 넣었어요. 그곳에 남십자성이 있지요.

달과 태양 국기

키리바시 국기

키리바시 국기에는 3개의 군도를 나타내는 물결 모양의 흰색 줄무늬가 3개 있어요. 파란색 줄무늬는 태평양을 나타내요. 노란색 군함새는 자유를 상징해요. 태양은 적도에 있는 키리바시의 위치를 나타내요.

팔라우 국기

파란색은 섬을 둘러싸고 있는 바다를 나타내요. 가운데에서 왼쪽으로 좀 더 치우친 원은 달을 나타내요. 팔라우에서 보름달은 중요한 의미가 있어요. 팔라우 사람들은 씨뿌리기, 수확, 카누 조각, 축하 행사와 같은 중요한 활동들을 행운의 보름달 아래에서 해요.

별 국기

파푸아 뉴기니 국기

파푸아 뉴기니 국기에는 깃대 쪽에 남십자성이 그려져 있어요. 깃발 바깥쪽에는 국가를 상징하는 극락조의 윤곽이 그려져 있지요. 빨간색, 흰색, 검은색은 이전에 파푸아 뉴기니를 식민지로 삼았던 독일 제국(1871~1918년)의 상징 색이에요.

미크로네시아 국기

미크로네시아는 국제 연합(UN)의 통치를 받았어요. 하늘색은 UN 깃발(67쪽) 색깔을 기반으로 해요.

나우루 국기

이 국기는 적도 바로 남쪽에 별을 그려서 나우루의 지리적 위치를 묘사해요.

마셜 제도 국기

마셜 제도 국기도 지리적 위치를 묘사하고 있어요. 사선은 적도를 나타내고, 별은 적도 바로 북쪽에 있는 마셜 제도의 위치를 가리켜요. 주황색 띠는 랄리크 열도를, 흰색 띠는 라다크 열도를 나타내요.

솔로몬 제도 국기

이 국기의 별들은 독립 당시 국가를 구성하고 있던 지방을 상징해요.

낱말 풀이

공산주의   개인이 아닌 정부가 모든 재산을 소유하고 국민이 공동의 부를 만들기 위해 노력하는 정치 이념이에요. 1917년 러시아 혁명으로 최초의 공산주의 정부가 만들어지면서 소련이 탄생했어요. 1991년에 소련은 붕괴했지만, 중국과 북한을 비롯하여 일부 공산주의 국가 또는 부분적 공산주의 국가가 여전히 존재해요.

공화주의   국가의 권력이 왕이나 황제가 아닌 일반 국민에게 있다는 정치적 이념이에요.

군도   무리를 이루고 있는 크고 작은 섬들이에요.

남십자성   남반구에서만 볼 수 있는 별자리로, 4개의 밝은 별을 중심으로 십자 모양을 이루고 있어요.

노르딕 십자가   스칸디나비아 십자가라고도 해요. 가로가 긴 직사각형에 십자가가 있는데, 십자가의 중심이 깃대 쪽 가까이에 있어요. 덴마크, 노르웨이, 아이슬란드, 핀란드, 스웨덴 국기에 노르딕 십자가가 있어요.

대(大)콜롬비아 색   콜롬비아, 베네수엘라, 에콰도르, 파나마로 구성한 대(大)콜롬비아 국기 색이에요. 대(大)콜롬비아가 해체된 후에도 파나마를 제외한 다른 국가는 노란색, 파란색, 빨간색의 색깔 조합을 유지했어요.

문장   중세의 귀족 가문이 자신들을 나타내기 위해 사용했던 복잡한 상징이에요. 전투에 나설 때 기사들은 방패에 문장을 표시했는데, 이러한 이유로 문장이 방패 모양을 하고 있어요. 특히 동물이 양쪽에서 방패를 들고 있는 경우가 많아요. 방패 아래에는 흔히 라틴어 문구가 있어요. 국기가 생기기 이전에는 문장이 국기 역할을 했어요.

범슬라브 색   빨간색, 흰색, 파란색으로 구성되며, 네덜란드 국기와 이후 러시아 국기에서 영향을 받았어요.

범아랍 색   검은색, 초록색, 흰색, 빨간색의 범아랍 색은 헤자즈 국기에 처음 사용되었어요. 현재 이 색깔 구성을 기반으로 요르단, 쿠웨이트, 팔레스타인, 아랍 에미리트 국기를 만들었어요.

범아프리카 색   범아프리카 색에는 2가지가 있는데 하나는 1914년 마커스 가비가 빨간색, 검은색, 초록색으로 구성한 거예요. 이 색깔 조합은 말라위, 케냐, 리비아 국기에 사용되었어요. 다른 하나는 초록색, 노란색, 빨간색으로 구성된 에티오피아 국기에서 영향을 받았어요. 이 색깔은 베냉, 가나, 세네갈 국기에 사용되었어요.

벡실룸   전투에서 사용하던 고대 로마의 현수막 깃발로, 수평 가로대에 수직으로 매달아 놓은 깃발이에요.

벨그라노 색   아르헨티나 국기는 혁명 지도자 마누엘 벨그라노가 디자인한 하늘색과 흰색의 2가지 색으로 구성한 삼색기예요. 이 디자인은 중앙아메리카 연방 공화국 국기에 영향을 주었어요. 이후 공화국이 해체되고 각각 엘살바도르, 온두라스, 니카라과, 과테말라, 코스타리카로 독립하면서도 색깔과 디자인을 유지했어요.

부르주아   경제적인 권력을 가진 상인이나 지주 계층을 뜻해요.

삼색기   3개의 띠로 된 깃발 디자인이에요. 가로 또는 세로 삼색기일 수 있으며 2가지 또는 3가지 색깔일 수 있어요. 콜롬비아 국기나 캐나다 국기처럼 줄무늬의 너비가 똑같지 않은 경우도 있어요. 네덜란드와 프랑스는 삼색기를 처음 사용한 나라인데, 삼색기는 흔히 공화주의 또는 혁명적 가치와 연관되어 있어요.

소함대   적은 수의 군용 배로 이루어진 함대예요.

순교   신앙을 지키기 위해 목숨을 바치는 것이에요.

식민주의	식민주의는 일반적으로 한 국가가 다른 나라의 자원을 이용하기 위해 그 나라를 지배하는 것이에요. 근대 식민주의는 15세기 신항로 개척 시대에 시작되어 20세기 초까지 계속되었어요. 이 시기에 유럽 국가들은 발달한 해상 기술과 무기로 아시아에서 아프리카, 남아메리카에 이르기까지 전 세계 대부분을 식민지로 만들면서 원주민에게 자신들의 언어와 규칙을 강요했어요. 이후 식민지 국가들이 마침내 독립을 이뤘을 때 그 나라들은 자신을 나타내는 새로운 방법을 찾아야 했어요. 그중 국기 디자인은 스스로를 정의하기 위한 좋은 도구였어요.
아랍 해방 삼색	빨간색, 흰색, 검은색으로 구성된 범아랍 색에 속한 색깔 조합이에요. 이러한 색깔 구성은 1952년 이집트 혁명에서 처음 사용되었으며 이후에 이라크, 수단, 시리아, 예멘의 국기에 영향을 주었어요.
아편	양귀비 열매의 즙으로 만든 것으로 진통제, 마취제로 쓰여요. 중독성이 강해서 약으로만 쓰게 법으로 정했어요.
열도	길게 줄을 지은 모양으로 늘어서 있는 여러 개의 섬이에요.
영국 선박 깃발	영국 선박에 사용한 깃발로, 선박이 군용인지 민간용인지 식민지 소속인지 구분하기 위해 달았던 깃발이에요. 이 깃발은 빨간색, 흰색, 파란색 바탕에 캔턴에 유니언 잭이 있는 것이 특징이에요.
운송	사람을 태워 보내거나 물건을 실어 보내는 것이에요.
육두구	약이나 향신료로 쓰는 식물 씨앗이에요.
이란력	이란과 아프가니스탄 등 이슬람교 시아파 국가에서 쓰는 태양력이에요.
자본주의	개인이 재산을 소유하고, 자신의 이익을 위해 물건을 만들거나 사고파는 경제 방식이에요.
정글도	정글이나 산림에서 벌초 및 벌채 등을 할 때 사용하는 칼이에요.
천구	둥글게 보이는 밤하늘을 뜻해요.
캐나다 페일	가운데 부분이 양쪽 띠보다 가로가 2배 긴 국기예요. 이렇게 하면 가운데에 그림을 넣을 수 있는 공간이 더 많아져요.
캔턴	깃발이 4등분되어 있다고 가정할 때 깃대 쪽 상단이에요. 미국 국기는 캔턴에 별이 있지요.
쿠픽 문자	고대 아랍의 문자예요.
페넌트	삼각형 모양의 깃발이에요. 네팔 국기는 이중 페넌트 깃발이에요.
5월의 태양	아르헨티나의 5월 혁명의 상징으로, 이 혁명으로 아르헨티나는 나중에 스페인 통치로부터 독립하게 되었어요. 5월의 태양은 원래 태양신 인티를 나타내는 잉카의 상징이에요.
UN 깃발	국제 연합(UN) 깃발은 하늘색 배경에 2개의 흰색 올리브 가지와 세계 지도를 특징으로 해요. 이러한 디자인은 중립과 안정을 나타내는데, 에리트레아, 키프로스, 미크로네시아, 소말리아 국기에 영향을 주었어요.

찾아보기

가나	57, 64	몬테네그로	15, 28
가봉	57	몬트세랫	71
가이아나	81	몰도바	15, 24
감비아	57	몰디브	33, 38
과테말라	81, 85	몰타	15, 19
그레나다	71, 73	몽골	33, 35
그리스	15, 19	미국	71, 76
기니	57, 62	미얀마	33
기니비사우	57, 65	미크로네시아	93
나미비아	57	바누아투	93
나우루	93, 99	바레인	47, 53
나이지리아	57	바베이도스	71
남수단	57, 59	바티칸 시국	7, 15
남아프리카 공화국	57, 69	바하마	71, 73
네덜란드	15, 22	방글라데시	33, 42
네팔	33, 45	베냉	57, 62
노르웨이	15, 17	베네수엘라	81, 87
뉴질랜드	93, 95	베트남	33, 35
니제르	57	벨기에	15, 24
니카라과	81, 83	벨라루스	15, 31
대만	33	벨리즈	12, 81
대한민국	33, 40	보스니아 헤르체고비나	15, 30
덴마크	10, 15, 16	보츠와나	57
도미니카 공화국	71	볼리비아	81, 88
도미니카 연방	71, 73	부룬디	57, 67
독일	15, 25	부르키나파소	57, 62
동티모르	33	부탄	33, 44
라오스	33, 42	북마케도니아	10, 15
라이베리아	57, 67	불가리아	15, 25
라트비아	15, 25	브라질	81, 89
러시아	7, 15, 26	브루나이	33, 38
레바논	47	사모아	93, 96
레소토	57, 69	사우디아라비아	47
루마니아	15, 24	산마리노	15, 28
룩셈부르크	15, 25	상투메 프린시페	57, 65
르완다	57	세네갈	57, 61
리비아	57, 59	세르비아	15, 27
리투아니아	6, 15, 25	세이셸	57, 68
리히텐슈타인	15	세인트루시아	71, 75
마다가스카르	57	세인트빈센트 그레나딘	71
마셜 제도	93, 99	세인트키츠 네비스	71, 73
말라위	57, 56	소말리아	57, 67
말레이시아	33, 39	솔로몬 제도	93, 99
말리	57, 62	수단	57
멕시코	71, 79	수리남	81
모나코	15	스리랑카	33, 44
모로코	57, 66	스웨덴	15, 17
모리셔스	57	스위스	10, 15, 18
모리타니	57, 66	스페인	15, 29
모잠비크	57, 69	슬로바키아	15, 27

슬로베니아	15, 27	짐바브웨	57, 63
시리아	47, 51	차드	57
시에라리온	57	체코	15, 27
싱가포르	33, 39	칠레	81, 90
아랍 에미리트	47, 50	카메룬	57, 63
아르메니아	33	카보베르데	57
아르헨티나	81, 82	카자흐스탄	33
아이슬란드	6, 15, 17	카타르	47, 53
아이티	71	캄보디아	33, 45
아일랜드	15, 24	캐나다	71, 78
아제르바이잔	10, 33, 38	케냐	57, 59
아프가니스탄	33	코모로	57
안도라	15, 28	코소보	15
알바니아	15, 30	코스타리카	81, 85
알제리	57	코트디부아르	57
앙골라	57, 68	콜롬비아	81, 87
앤티가 바부다	11, 71, 75	콩고 공화국	57
에리트레아	57	콩고 민주 공화국	57, 66
에스와티니	57	쿠바	11, 71, 77
에스토니아	15, 25	쿠웨이트	47, 50
에콰도르	81, 87	크로아티아	15, 27
에티오피아	57, 60~61, 62~63	키르기스스탄	33, 42
엘살바도르	81, 85	키리바시	93, 97
영국	15, 20~21	키프로스	15, 31
예멘	47, 51	타지키스탄	33, 53
오만	47, 50	탄자니아	57
오스트레일리아(호주)	11, 93, 95	태국	33
오스트리아	15, 25	토고	57, 63
온두라스	81, 83	통가	93, 96
요르단	47, 50	투르크메니스탄	33, 38
우간다	57	투발루	93, 94
우루과이	81, 83	튀니지	57, 66
우즈베키스탄	33, 39	튀르키예	10, 33, 36, 37~39
우크라이나	15	트리니다드 토바고	71, 73
이라크	47, 51	파나마	81, 90
이란	46, 52	파라과이	81, 91
이스라엘	47, 54	파키스탄	33, 37
이집트	47, 51	파푸아 뉴기니	93, 98
이탈리아	15, 24	팔라우	93, 97
인도	33, 43	팔레스타인	47, 50
인도네시아	33, 35, 39	페루	81, 91
일본	10, 33, 41	포르투갈	15, 28
자메이카	71, 72	폴란드	9, 15, 27
잠비아	57	프랑스	15, 23
적도 기니	57	피지	93, 94
조선 민주주의 인민 공화국(북한)	33, 35	핀란드	15, 17
조지아	15, 18	필리핀	33
중국	10, 33, 34	헝가리	15, 25
중앙아프리카 공화국	57, 62		
지부티	57, 66		

일러두기

1) 2023년 9월까지 국제 연합(UN)에 가입한 193개 국가에 바티칸 시국, 팔레스타인, 코소보, 대만, 몬트세랫을 더해 총 198개 국가를 지도에 표시하고 국기를 소개합니다.
2) 지도에 표시된 나라의 순서는 가나다순입니다.
3) 국기 디자인은 2023년 9월을 기준으로 했습니다.
4) 원서 특성상 '이집트'는 중동으로 분류되었습니다.

의미와 상징으로 알아보는
세계 국기 끝판왕

2024년 3월 20일 초판 1쇄 펴냄 | 2024년 5월 23일 초판 2쇄 펴냄

글 로빈 제이콥스 | **그림** 벤 자벤스 | **옮김** 김은서

펴낸이 정지향 | **기획·편집·디자인** 기탄교육연구소

펴낸곳 (주)기탄교육 | **등록** 제2000-000098호

주소 06698 서울시 서초구 효령로 40 기탄출판센터

전화 (02)586-1007 | **팩스** (02)586-2337 | **ISBN** 978-89-260-2619-9

홈페이지 www.gitan.co.kr

※ 잘못된 책은 구입처에서 교환해 드립니다.
※ 책 모서리에 다칠 수 있으니 주의하시기 바랍니다. 부주의로 인한 사고의 경우 책임을 지지 않습니다.

First published in the UK in 2023 by Cicada Books
Copyright © 2023 Cicada Books
All rights reserved.
Korean translation copyright © Gitan Educational Publishing Co., Ltd. 2024
This edition is published by arrangement with Cicada Books through KidsMind Agency, Korea.

이 책의 한국어판 저작권은 키즈마인드 에이전시를 통해 Cicada Books와 독점 계약한 (주)기탄교육에 있습니다. 신 저작권법에 의해 한국 내에서 보호를 받는 저작물이므로 무단전재와 복제를 금합니다.